JN010685

17歳までに
知っておきたい
「使う」「貯める」「稼ぐ」
「守る」「増やす」の考え方

人生の正解をつくる
お金のセンス

午堂登紀雄

技術評論社

免責

本書に記載された内容は、情報の提供のみを目的としています。したがって、本書を用いた運用は、必ずお客様自身の責任と判断によっておこなってください。これらの情報の運用の結果について、技術評論社および著者はいかなる責任も負いません。

本書記載の情報は、刊行時のものを掲載していますので、ご利用時には変更されている場合もあります。

以上の注意事項をご承諾いただいたうえで、本書をご利用願います。これらの注意事項をお読みいただかずに、お問い合わせいただいても、技術評論社および著者は対処しかねます。あらかじめ、ご承知おきください。

商標、登録商標について

本文中に記載されている製品の名称は、一般に関係各社の商標または登録商標です。なお、本文中では ™、® などのマークを省略しています。

はじめに

この世界は「欺瞞」と「理不尽」と「不条理」と「不公平」と「不平等」に満ちている。

たとえば、近年、人の外見についての発言は叩かれる傾向にある。「美人だね」というのもアウトだし、「ミス〇〇コンテスト」というのも批判され休止に追い込まれる。その多くは、外見による差別を助長するからという理由だ。

でも、現実にはどうだろう。美人はチヤホヤされるし、営業に行っても門前払いにはなりにくい。同じ能力ならイケメンのほうがプレゼンなどでも有利だ。「容姿がいいほうが収入が多い」というデータもあるという。それに、婚活市場でも出会いのきっかけを作りやすいだろう。

自分の思いどおりにならないこと、自分にはどうしようもできないことは多い。そんな現実に立ち向かうにはどうすればいいか。

その答えの１つが、お金の知識を身につけることだ。お金がすべてではないにしろ、お金と上手に付き合うことができれば、人生が豊かで充実したものになる可能性が高い。必要なモノが必要な時に必要なだけ手に入るとか、必要なサービスが受けられる、楽しい経験ができれば幸福の一要素になるというのはわかりやすいと思う。

逆に、お金との付き合い方が下手であれば、不便でみじめな人生になることもある。お金を巡ってトラブルになったり、だまされたり人間関係が壊れたり、ときには殺人事件にまで発展することがある。お金に執着するあまり、誤って振り込まれた給付金を返還せず使い込んだり、詐欺に手を染めて逮捕されるというニュースもある。お金との付き合い方をまちがえると、人生を破滅させることもあるんだ。

成人になれば、自分でクレジットカードを作ったり、物件を借りることもできるようになる。でも、大人の中にはズルイ人がいるし、本当のことを言わないことも少なくない。君をうまく誘いこんでお金をまき上げようと考えている人もいるだろう。もちろん、多少の失敗は、経験値を高めるうえでも大事なことだ。けれども、お金のことを知らないまま丸腰で成人を迎えれば、思わぬ窮地に陥ってしまう可能性がある。

多くの親は、お金のことは教えてくれない。「いやらしいから」という理由でお金の話をしたがらない。親の年収や貯蓄額をたずねても「そんなことを知らなくてもいい」とはぐらかされるだろう（むろん、自分の親以外の大人にこんなことを聞くのはマナー違反だけれども）。

2022年度から高校の家庭科で金融教育の授業が導入されたけれども、その時間は圧倒的に少ない。それに、教える先生自身が上手にお金を扱えるとは限らない。

これから、君にお金で不幸にならないために最低限必要だと思える知識と考え方を伝えたい。疑問に感じることもたくさんあると思う。人によって価値観は違うし、時代環境も変わるから、学校のテストのような正解は存在しない。だから、これからする話は、鵜呑みにするのではなく、ヒントか参考であると受け止め、自分なりに考え、君自身の価値判断基準を確立していってほしい。

価値判断基準とはどういうことかというと、「自分は何を大切にしたいか」という軸と、「自分はどういう人間を目指し、人生をどう展開させたいか」という展望だ。それが、自分はいま、何をしてお金を稼ぎ、何にお金を使い、何に使わないべきかという判断につながる。判断の基準はどんどん変わっていくとしても、都度振り返ってそれらを考えることで、より納得できるお金との付き合い方、そしてより納得できる人生につながると思っている。

冒頭で、この世界は「欺瞞」と「理不尽」と「不条理」と「不公平」と「不平等」に満ちていると伝えたけれども、じつはそう恐れることはない。なぜなら、それらは見抜くことも回避することができるし、乗り越えることも、打ち砕くこともできるからだ。私自身も私のまわりの富裕層や成功者と呼ばれる人たちも、そうやって人生を切り開いてきた。

「お金の知識とその使い方」は、人生を切り拓くための大きな武器になる。その武器をより強力なものにすれば、意外にこの世は楽勝だということがわかってくるはずだ。

ぜひ本書にてそれらを楽しんで学んでもらいたい。

Good Luck!

登場人物

慶太

しっかり者の17歳、現在高校２年生。バスケ部と弁論部をかけもちしている二刀流。高１の頃はパパの真似をしてアプリを開発・販売していたこともあり、将来は起業を目指している。

和泉

慶太の妹、13歳の中学１年生。社交的でコミュ力が高く、クラスの中でも人気者。だけど周囲の目を気にしている、思春期まっしぐら。

パパ

慶太と和泉のパパにして、会社経営者。家計はすべてパパが握っている。将来は慶太も和泉も起業してほしいと考え、お金の面で困らないよう、いろいろ伝授に余念がない。

ママ

自営業。おっちょこちょいで天然だけど、家庭の雰囲気を盛り上げている。家事が苦手で部屋も散らかすので、慶太や和泉にも叱られている。

咲良

慶太と同じクラスの女の子。学校一の美少女と言われており、多くの男子ファンがいる。所属はダンス部。物おじしない性格で、部活でもクラスでもリーダー的な存在。

海斗

慶太の親友でクラスメイト。お調子者でノリが軽いところはあるが、さっぱりした性格なので慶太とウマが合っている。スポーツは得意だけど勉強は苦手。

美幸

慶太、咲良、海斗と同じクラスの女の子。ギャル的なノリなので咲良は苦手としているが、高校生活を満喫している。あまり物事を深く考える習慣がなく、将来は専業主婦を目指している。

穣一

パパの姉の子で、現在25歳の会社員。パパからは甥、慶太と和泉からは従妹にあたる。根はマジメで、パパのことを尊敬しており、よく相談に乗ってもらっている。

CONTENTS

はじめに ―― 3

1章

お金の常識を見直す

「お金の話をするのって、いやらしいんでしょ？」 ―― 12
「清貧が正しい」「金持ちは傲慢」ってホント？ ―― 15
「みんなと同じ」は無価値になる ―― 18
自分で考えて実行することはお金で得られない財産になる ―― 21
COLUMN 脳は資産にも負債にもなる ―― 25

2章

お金を上手に使う

どうすればスマホを買ってもらえる？ ―― 30
お小遣い制と都度払い、どっちがお金の使い方がうまくなる？ ―― 35
目的のない節約貯金は思考停止と同じ ―― 38
自己投資して自分の経験値を増やす ―― 41
コスパか、タイパか ―― 44

COLUMN 「頭で生活する」習慣を持つ ―― 47

お金を出すことは「大事にしている」というメッセージになる ―― 51

「カードだと使いすぎるから現金がいい」と考えない ―― 53

支払いは延滞しない、キャッシングはしない、
カードローンは申し込まない ―― 54

相続すべきものはお金ではなく知恵 ―― 59

3章

学びとお金のつながりを知る

学校の勉強は社会に出たときの役に立たない？ ―― 62

言語能力が低ければ、経済的な成功はありえない ―― 66

「大学に行くほうが生涯賃金が多くなる」はホント？ ―― 69

自活することは経済的自立と精神的自立につながる ―― 71

夢にもお金にも縛られず、生き方の選択肢を増やす ―― 73

お金で時間とチャンスを買う ―― 76

COLUMN 「受験するかどうか」より「自分で決めるかどうか」が大事 ―― 79

4章

誘惑やリスクに立ち向かう

宣伝文句にだまされるな ―― 84

うまい儲け話には「なぜそんな話をしてくるのか」
「自分が儲けるにはどうするか」を考える ―― 87

相場を理解せずに買ってはいけない 90
送り付け商法は無視すればいい 93
架空請求・フィッシング詐欺から身を守る 95
訴訟にはお金も時間もかかる 98
税金のしくみを知る 101

COLUMN 売り言葉に買い言葉が一番ソン 105

もし高校生で妊娠したら、稼ぎはないし出産なんて無理？ 107
トラブルに備えて保険をかける 112
保証人になることは他人の借金を肩代わりするということ 117
お金を貸さないのは相手への思いやり 120

5章

働くこと、稼ぐことの意味を捉え直す

「汗水流して働くことが価値がある」は本当か？ 124
お金があったら働かない？ 126
働きへの評価は自分ではなく他人が決める 132
時間の切り売りで高給を稼ぐのは難しい 137

COLUMN やりたいことがわからない人に必要なのは、「何を選ぶか」よりも「どう向き合っていくか」 139

6章
家庭を持つことの影響を知る

結婚はお金も時間も自由にならなくなるからメリットなし？ — 146
お金持ちと結婚すればお金に困らない？ — 148
やるべきことを分担・廃止・自動化・外注して、心の余裕をつくる — 150
「〇〇すべき」という固定観念から自由になる — 152
家は買うのと借りるのと、どっちがトク？ — 155
「貸せるか？」「売れるか？」という視点で住まいを選ぶ — 158
住む場所から得られるリターンを考える — 161
借金が返済できなくなったら自殺するしかない？ — 163
COLUMN 評価の軸は1つじゃない — 167

7章
お金に働いてもらう

素人がプロに勝てるのか？ — 172
だれかに任せるとラクだけどデメリットも — 175
複利の力を味方につける — 177
資産運用しながら節税も狙う — 180

おわりに — 183

1章

お金の常識を見直す

「お金の話をするのって、いやらしいんでしょ？」

和泉「ねえママ、ウチは家族でよくお金の話するよね」

ママ「そうね、ママもパパもお金が大好きだし。それにね、家族で話していれば、家庭内のお金のトラブルが防げると思うのよ。相手のお金の認識や評価軸を共有していないと
『また、こんな無駄遣いして』
『そっちこそ、なんでそんなものを買うの』
なんて言い合いに発展してしまいかねないものね。
だけど、たとえば自分たちにとって、どういう支出が重要でどういう支出が無駄なのか、それはなぜなのかを日常的に話し合っていれば、家族みながそれぞれ、本当に必要なもの、大切なことにお金を使えるようになるんじゃないかしら」

和泉「でもね、お友達の家では『子どもはそんな話をするんじゃありません！』って言われるらしいよ」

ママ「まあ、子どもに自分の収入を聞かれて答えたら、学校でしゃべられてみんなに筒抜けになってた、というのは困るわね。人に『収入いくらですか？』『貯金はいくらですか？』みたいなことを聞くのはちょっとデリカシーないと思う。けど、家庭内で何に使うとかどう使うとかは、積極的に話していいと思うんだけどね」

パパ「でも、不思議な話だよね。『ビジネススクールでMBA（経営学修士）を取得する』といったことを『いやらしい』とは言わない。でも、ビジネススクールで学ぶのは基本的には企業が儲けるための方法論だ。なぜ企業はOKで、個人はいやらしいってことになるんだろうか」

慶太「言われてみるとそうだね」

パパ「『企業は社会の公器だから個人とは違う』という解釈もあるけれど、個人だって自分の名前で勝負している人もいるし、イノベーションを起こすこともあるだろうにねえ。それに**個人が利益を得ることは家族を支えることでもある**から、堂々とお金の話をしていいと思うけどね」

ママ「まあ、私たちは夫婦ともに事業者だからあまり気にならないのかもね」

パパ「たしかに、起業家仲間で飲み会をすると、会話の中心はほぼビジネスや儲け話になるからね。
『あれは儲かる』
『あの会社はこれで儲かっている』
『これがビジネスになるんじゃないか？』
とか。成功している人の名前や会社名、商品名が出たら、すかさずだれかがスマホで検索して『おお〜、この人、こういう人なんだって。こんなことまで手広くやってるよ』って盛り上がったり、『新しいあのソーシャルサービス、こうしたほうが売れるんじゃね？』とか“勝手にコンサル大会”が始まるんだよ。そして毎回だれかが違う起業家を連れてきてはこうした会が繰り返され、人と情報のネットワークが広がるというわけだ」

慶太「ときどきウチでやってるホームパーティーでもそうだよね。みんな仕事の話。それに楽しそうだよね」

パパ「みんな仕事が好きだし、儲けるのも大好きだからね。まあ、起業家の集まりは特別だとしても、**オープンにお金の話をする人は、ビジネスチャンスにも敏感で、いつもアンテナが立ってる**ってことだ」

慶太「オレも大学に進学しても起業の話題をしていれば、同じ起業家の仲間ができるってことかな？」

パパ「そうなるんじゃないかな。結局、何に興味を持っていて、どんな情報を発信するかで、人間関係が決まってくるんだから」

「清貧が正しい」「金持ちは傲慢」ってホント？

慶太「『清貧』って言葉、ときどき聞くよね」

パパ「現実にはありえないと思うけどね」

慶太「どうして？」

パパ「『貧すれば鈍する』という言葉があるように、**お金に困るといろんなことに余裕をなくしてしまう**んだ。あれは払えるだろうか、お金は足りるだろうか、と不安に支配されて、思考力が落ちてしまうからね。たとえば、犯罪者の多くは無職だ。お金持ちが万引きをしたり、カッターナイフで店員を脅したりなんて事件は聞かないだろう？」

慶太「そう言われればそうか……。たしかに、市民プールに行くと結構ガラが悪い人多いけど、ホテルのプールだとそんな人はいないしね」

パパ「飲食店なんかもそうだよね。でも、そういうことを言うと、差別だと批判される。本当は差別じゃなくて、属性による行動パターンの分類に過ぎないんだけど、こと『収入』とか『貯蓄額』を基準に線引きすると、批判の対象になりやすいんだ」

慶太「なんでだろう？　やっぱみんなお金に執着してるってこと？　お金で比べられるのがイヤってこと？」

パパ「後者だろうね。特に男性ほど
『収入額・貯蓄額＝人間としての価値』
と感じやすいからね。本来、人間の価値はそれだけでは決まらないんだけど、収入とか経済力を重視する人は多いんだ。でも、現実は自分はお金持ちじゃない。なのに収入＝人間の価値だとすれば、自分を否定することになる。だれだって自分が能なしだとは思いたくない。だから、清貧が正しいはずだ、そうあってほしい、と現実から目を背けたいんだよ。もしかしたら昔の権力者が、貧しい庶民の不満を溜めさせないようにと触れ回ったのかもしれないけど」

慶太「そういえば漫画とかでも、金持ちは嫌味で横柄なキャラで描かれて、最後は没落する、みたいなパターンをよく見かけるよね」

パパ「それも大人の欺瞞だ。そもそも、どうやってお金持ちになったかというと、詐欺や搾取じゃない。そんなことをしたら、いまどきすぐネットで拡散して長続きしない。それでは単なるバカだろう？　先祖代々からの資産家は別として、**一代でお金持ちになった人は、多くの人の問題を解決し、あるいは顧客の願望や欲求を叶え、たくさんの『ありがとう』を集められた人**なんだ」

慶太「タレントや漫画家もそうだよね。売れる人は、芸が一流で多くの人を楽しませてくれるから、収入が増える。多くの人が面白いと感じる漫画を描く人は、売れて儲かる」

パパ「そういうこと。会社でも、収入の多い人は、難しい問題を解決したり、新しい価値を創造したりする力が普通の人より秀でているということだ。顧客が喜んでくれて、感謝の対価としての報酬をたくさんもらえる。だから、父さんは堂々とお金儲けをすればいいと思っている」

慶太「ということは、儲かっていない人は役に立っていないということで、そんな自分を認めたくないから金持ちには嫌味で横柄であってほしいと考える人が少なくないってことだね」

パパ「もちろん、どんな人でも失敗して仕事を失うこともあるし、病気なんかで満足に働けない人もいるから、儲かっていないことが悪いことではないけどね。収入が低くても社会には不可欠な仕事はあるし、低収入でものんびり生きられればいいという人もいる。**『清貧が正しい』とか『金持ちは傲慢だ』という決めつけは現実逃避の欺瞞だ**ということだよ」

慶太「大人の世界って大変だね」

パパ「そうやってごまかしごまかし生きないと自尊心を保てない人が多いってことだね。でも、現実から目を背けず現実を直視し、真正面から対処するほうが、爽やかに生きられるよ」

「みんなと同じ」は無価値になる

和泉「ねえねえ、パパ、あの子の家、GW はハワイ旅行なんだって。いいなあ。ウチもハワイに行きたいな～」

パパ「どうしてだい？」

和泉「だってステキじゃない。アメリカだし。ワイハだし。友達にも自慢できるし」

パパ「同じ県内やその周辺だって素敵なところはたくさんあるだろう」

和泉「ちっちっ！　インスタに上げるんだから、そんな地味なのじゃなくて！」

パパ「ふうむ。パパはね、**海外旅行というのは、現地の人や異文化に触れることを通じて、日本との違いを知ったりなど、見分を広げるために行くもの**だと考えている。でも、ハワイは観光地化されていて日本人も多いし、単なるバカンスのようなものじゃない？　同じマクドナルドでも、値段は２倍以上もして割高だし」

和泉「え～、みんな行ってるのに、私だけ行ってないなんて……」

パパ「みんなって、何人？　だれとだれとだれ？　っていうのはちょっと意地悪な質問だけど、みんながそうだからといって、それに合わせる必要はないんだよ。たとえば、好きな芸能人も好きな音楽もみんな違うじゃない？　みんなそれぞれ大事だと思っているものは違うんだから、他人がどうこうとか他人と比較するんじゃなくて、和泉自身が本当に大事だと思うものにお金と時間を使うことが大切なんだよ。それに、**ほかの人と違うというのは素晴らしい個性**なんだから」

和泉「でも、みんなと違うとハブられそうで……」

パパ「たしかに、学校ではみなが同じように振る舞うのが当たり前かもしれない。でも、社会に出ると『他人と違う』ことが価値を持つようになるんだ」

和泉「どういうこと？」

パパ「だって、『みんなと同じ』だったら、だれでもいいってことになるだろう？　みんながハワイの写真をインスタに上げてたら、埋もれてだれの注目も集めなくなるよね？　社会に出ても、『あなただからお願いしたい』というのは、持っている個性や能力がみんなとは違うからなんだ」

慶太「父さん、でもね、ハワイなら（あまり訛りの少ない）英語が通じるし、治安も悪くない。調べれば、現地の文化に触れられる場所もあるんじゃないかな。アメリカ本土やヨーロッパほど時間もかからないし、時差も少ないから、まだ楽でしょ？　和泉にとってははじめての海外旅行だから、デビュー先としては悪くないんじゃない？」

パパ「う～ん、まあ、それも一理あるかなあ……そうだ！　じゃあ、マレーシアにしないか？　マレーシアはイスラム圏だけど多民族・多宗教国家で、元イギリス領だったから英語が通じる。それも、日本人でも理解しやすいスピードと発音なんだ。しかも、時差は日本と１時間だけ。今後はイスラム教人口が世界最大になるから、異文化体験としてもいいんじゃないか？　めずらしいからハワイより友達の注目を集めるかもよ」

和泉「ホント！？　わーい！」

パパ「その代わり、旅行中に気づいたこと、疑問に感じたことを、インスタにアップするように。今回は、頭で旅行するんだぞ」

和泉「へイへーイ！」

パパ「返事は１回！」

自分で考えて実行することはお金で得られない財産になる

和泉「パパー！　マレーシア旅行の詳細は決まったの？」

パパ「あ、ゴメン、バタバタしてて忘れてた。なあ、日程と予算はパパが決めるから、どこを回るかとかどこに泊まるとか、旅行のスケジュールと旅券やホテルの手配をおまえたちだけでやってみてくれないか？」

和泉「ちょっ！　そんなの無理よ！　あたし海外なんてはじめてなんだし」

パパ「慶太は何度か海外に行ってるから、なんとなくわかるよな。予算と日程の中なら好きなとこへ行っていいし、好きなところに泊まっていいから」

慶太「わかった、やってみるよ。和泉はウェブで調べて行きたいところをピックアップしてくれ、それをもとにオレがスケジュールを組んで、宿泊先を選んでみるから」

和泉「はあ〜い」

パパ「旅行中のアテンドも頼むな」

和泉「アテンド？」

パパ「いわゆるツアコンみたいに、パパとママを連れて行ってくれってこと」

その日の夜

ママ「ねえ、あの子たちに全部任せちゃってよかったの？」

パパ「うん、限られた予算と日程の中、どこに遊びに行くか、どこをどういうルートで回れば効率がいいか、どこで食事をとるかとか、子どもたちにとって１つの大きなプロジェクトになるだろう？　**自ら計画を立て、その計画どおりに遂行する実行力が養われる**んじゃないかなと思って」

ママ「でも、手配ミスとかトラブルになるんじゃない？」

パパ「旅にはアクシデントがつきものだよ。乗り場をまちがえた、列車や飛行機が遅延した、レストランが満席で入れない、途中で道に迷った、なんてことも起こるかもしれない。でも、そういうトラブルさえも、僕たちはわざと知らんぷりして子どもたち自身で解決させてみようじゃないか。**目の前の出来事に動じない胆力、臨機応変な対応力、問題解決能力を養う訓練にもなる**んじゃないかな」

後日

パパ「いや〜今回の旅行は楽しかったなあ」

ママ「飛行機に乗り遅れそうになった時はヒヤヒヤしたわ

よ。海外って日本の空港のように呼び出し案内がないし」

慶太「オレはタクシーでボッタくられたのが腹立ったよ！予定外の出費だった」

和泉「おにい、ああいうのは交渉なのよ」

慶太「おまえなんて、英語全然しゃべれなかったじゃないか」

和泉「あたしはアテンド係だもーん」

パパ「でも、両替所は有利なところを選んだよな。いちばんレートがよかった」

ママ「ホテルもレストランも素敵だったわ。お湯がぬるかったのは痛かったけど」

慶太「安いパックツアーにしてホテルをランクアップしたんだ。ママはお風呂好きだから、バスタブ付きじゃないとと思って」

和泉「レストランはあたしが選んだの。評判がいいところばっかりよ」

慶太「でも、最初は高い店ばっかりで予算オーバーだったから、見直し大変だったじゃんか」

和泉「結果オーライよっ」

その日の夜

パパ「なっ、いい経験になったろ？　最初は自信なさげだった和泉も、最後のほうは堂々としてたし。未知のことや未経験のことに挑戦することは、人を成長させるんだ」

ママ「そうね、慶太も頼もしかったわね。和泉も、海外旅行がはじめてとは思えないぐらい物怖じしなかったし。今度は１人で海外旅行とか海外のサマーキャンプとかに行かせてもいいわね」

パパ「和泉はまだダメだぞ、海外は危険だからな」

ママ「パパは和泉には過保護ちゃんなんだから」

パパ「だれにも嫁にはやらん！」

脳は資産にも負債にもなる

美幸「ねえねえ、慶太、アプリ作ってるって本当？」

慶太「ああ、ほとんど宣伝してないけど、ぼちぼち売れてる」

美幸「すごーい、今後はどうするの？」

慶太「ああ、大学入ったら会社作って起業しようかと」

美幸「えっ、起業？　それって危険なんじゃないの？」

慶太「えっ？　どこが危険なの？　アプリ作るのタダだよ。アイコンのデザインも自分で作ったし。マーケットに登録する登録料と、売れたら手数料がかかるくらいだよ」

美幸「えー、あたしにはムリ」

その日の夜

慶太「……とか言われちゃってさ、みんな難しく考えすぎだよなー」

パパ「経験したことがないと、そんなもんだよ」

慶太「何が違うんだろう？」

パパ「たとえば
『こうすればこうなる』
『この場合、こんなことが起こる可能性がある』
『そうなったら、こう対処すればいい』
ってわかるのは、未知の経験に挑戦したことがあるからだ。その蓄積は、経験したことを応用できる範囲を広げてくれる。経験値が高ければ高いほど、起こりうる事態が事前に想定できるから、リスクを想定し、リスクへの対処方法が準備できる。心の準備もできる。それは、さらに行動する勇気につながる」

慶太「反対に経験が少なければ、未知のことに対し、リターンよりもリスクが大きく見えて不安になるわけだよね。そして『自分にはムリ』『やっても無駄』って言い訳をして、行動をあきらめる」

パパ「そのとき、人間の脳は負債となって、その人の人生の足を引っ張る」

慶太「同じものを見ても、同じ状況に直面しても、『自分にはムリ』っていう人と、『やってみよう』と考える人がいる。同じ人間なのに、180度異なる答えが出て来るなんて不思議だよね」

パパ「できると思うこと、無理だと思うこと、それはどちらも正しいんだけど、それが人生を分かつってことだ。自分の脳を負債にするか、資産にするか、それは本人次第だね」

慶太「自分の脳が負債になるって、怖いね……」

パパ「そうならないためには、自分の成功や失敗の要因を、なるべく客観的に、そして論理的に検証する習慣を持つことだ」

慶太「どういうこと？」

パパ「たとえば
『うまくいった（いかなかった）要因は何か？』
『どういう環境が後押ししてくれたのか（足を引っ張ったか）？』
『自分のどういう判断や行動の何がプラスに（マイナスに）働いたのか？』
『偶然の要素と必然の要素は何だったか？』
を抽出して
『成功の再現性をもたらす方法（再び同じような失敗を避ける方法）は何か？』
と、知恵や教訓に変換していくんだ。そうすれば、どういう場面でなら過去の方法が使え、どういう場面でなら修正すれば使えるか、あるいは使えないか、がわかってくる。成功や失敗といった大きな出来事だけではなく、日常のあらゆる場面で自分の行動と結果を検証する習慣を持つことだ」

慶太「部活やバイトや受験勉強でも？」

パパ「恋愛やデートやメールの文面もだ」

慶太「ひえー、そんなことまで？」

パパ「それが習慣ってもんだ」

2章

お金を
上手に使う

どうすればスマホを買ってもらえる？

和泉「友達もみんなスマホ持ってて、ないの私だけ。パパはなんで買ってくれないの？　ほんとケチなんだから！」

慶太「おまえ、父さんのこと何もわかってないな。買ってくれないのは、おまえの言い分が論理的じゃないというか、説得力がないからだろ」

和泉「論理的？　そんな難しい話、よくわからないわ」

慶太「別に難しい話じゃない。ただ単に『欲しいから』とかいう根拠のない欲求じゃなく、**「なぜ必要なのか」という理由を説明すればいい**んだ」

和泉「どういうこと？」

慶太「和泉はまだ小さかったから覚えていないかもしれないけど、オレも中学のとき、父さんに2回もプレゼンしてやっとスマホを買ってもらったんだ。それ以降、父さんの攻略法が少しずつわかってきた」

和泉「なんて説得したの？」

慶太「オレがスマホを持つべき必要性についてだ。
たとえば、災害時でもすぐ連絡が取れるし、GPSで居場所がわかる。
思いついたらすぐ検索できることで、学習効果がある。
電子辞書や音楽プレーヤーが不要になる。
英語のヒアリングレッスンができる。
予備校の講義動画が視聴できる。
読書も宿題も論文作成もいつでもどこでもできる。
こんな感じだ」

和泉「あたしだって、音楽くらい聞くわよう」

慶太「父さんは、娯楽目的とか、『安いから』『かわいいから』なんていう感情的な気分とか、「みんなが持っているから」とかいう横並びな理由だけでは認めてくれない。その出費によって能力やチャンスが得られるというような、投資的価値がある、つまり**合理的なリターンが見込める出費**だということを説明できれば、たいていは認めてくれるんだ。これはスマホに限らずあらゆる支出に当てはまる」

和泉「ええ〜、あたし、そういうこと考えられないな……」

慶太「じゃあ、ひとつヒントをやろう」

和泉「ヒント？」

慶太「いま、10代の女の子がSNSや出会い系サイトを通じていろいろ被害に遭う人が増えているのは、ニュースとかで知っているだろう？　スマホ依存とか、ネット上でのいじめも増えてる。父さんも、たぶん同じような心配をしているんじゃないかな」

和泉「そういえば、同じ学校の女子の先輩で、出会い系サイトで補導された人がいたって聞いたわ……」

慶太「だから、父さんのそういう不安を払しょくできるような、おまえなりのスマホの使い方のルールを自ら考えて宣言するんだ。それで『もしその宣言を破ればスマホを返上する』ぐらいの覚悟を見せれば、進展が見込めるんじゃないかと思うよ」

和泉「わかった、ルールを考えてみる」

慶太「もうひとつ、大切なことがある。親に何かを要望したり議論するときには、決して感情的になったり、ヤケになったりしないこと。**目を見て、穏やかな口調で、冷静に会話するよう心がける**ことだ。決して自分の思いとおりにならないからと声を荒げたり、口汚い言葉でケンカ腰になってはいけない。父さんはオレたちを子ども扱いしないから、そんな態度をとったら父さんは絶対に説得できない。オレもかつてそれでキレたとき、父さんは
『おまえは何をしに来たんだ？』
『この会話の目的はなんだ？』
『そんな態度で要求が通ると本気で思ってるのか？』
『逆の立場ならおまえは納得するのか？』
『ケンカしたいならよそでやれ。話はこれで終わりだ』
って、徹底的に拒絶されたからな」

和泉「パパ、意外と怖いんだね……」

慶太「これは学校の先生とかにも同じ。大人に対して感情的になったら負けだ。むしろ、**大人のほうが感情的になるくらい、こちらは冷静な態度を貫かないといけない**よ」

和泉「んん……難しいかもだけど、気をつけるようにしてみる」

その後

和泉「見て見ておにいちゃん、ついにスマホ買ってもらったよー！」

慶太「おお、よかったな！プレゼン、うまくいったんだな」

和泉「うん。でも、プレゼンは結局４回もやり直しで、もう涙目だったの。それに、ルールが10個もできちゃったよ……」

慶太「お、おう……まあ、がんばれ。それで信頼を得られれば、いずれそのルールも風化するんじゃないかな……」

和泉がパパと約束したスマホの使い方のルール

- ✓ SNSは実名でやる
（匿名でしか言えない／やれないことはしない）
- ✓ SNSで見知らぬ人からの要求を飲んだり会ったりしない
- ✓ 出会い系アプリなどはやらない
- ✓ スマホで買物・課金をするときは、親にひと言伝える
- ✓ ネット上で他人を誹謗中傷しない
- ✓ ネット上の他人の発言を鵜呑みにしない
（必ず複数の情報でウラをとる）
- ✓ セキュリティソフトを入れる
- ✓ 家族と話すときはスマホを見ない
- ✓ スマホのために勉強時間や睡眠時間を削らない
（成績が落ちたり寝坊したりしないようにする）
- ✓ 以上の約束を破ったらスマホを返上する

お小遣い制と都度払い、どっちがお金の使い方がうまくなる？

和泉「パパは、服装は地味だし、車も普通の国産車だし、お金持ちっぽくないわよね」

パパ「まあ、派手にしてれば周囲からの嫉妬を買うからという面はあるかもな。でも、全方位で節約するのはちょっと違うと思う。ウチも、締めるところはところは締めるけれど、使うときは使ってるだろ？」

和泉「そういえば、普段のお小遣いはシブチンだけど、サマーキャンプとか旅行とかはけっこう連れて行ってくれるよね」

パパ「シブチン言うなよ……必要なら都度言ってくれって言ってるじゃないか」

和泉「申告制だといちいち説明が面倒だから、欲しいものがあってもガマンしちゃうんだよね……。で、結局どうでもよくなるんだけど」

パパ「小遣い制から申告制にしたら、浪費クセがなくなったよね。まあ説明が面倒ってことは、それほど欲しいものじゃなかったってことでしょ？」

ママ「でも、前みたいなお小遣い制のほうが、計画性が育つんじゃないの？」

パパ「もちろん、子の個性によっては小遣い制のほうがいい場合もあるだろう。けれど、ウチの場合は漫然と与えるのじゃなく、何にいくらかかるのか説明することで、それが本当に必要なのかを立ち止まって考えるきっかけになると思ってのことだ」

ママ「なるほどねえ」

パパ「それに、ママも平凡なサラリーマンにはしたくないって言ってたろ？　小遣い制だと、サラリーマンの月給と同じで**『収入の範囲内で生活する』って発想に固定されそう**な気がしてね。上限など定めず稼ごうとする姿勢や、必要かどうかを見極める冷静さを持たせるには、都度申告制のほうがいいんじゃないかって思ったんだよ。まあ、結果的にどうなるかはわからないけどね」

和泉「パパは私たちを使って人体実験してる（笑）」

パパ「おいおい、パパはおまえたちが自分で自分の人生を切り開けるようにと……」

和泉「ハイハイ、わかってますよー。パパは、あたしたちの成長とかチャンスとか、見聞を広められる経験とか、そういうのに関係するのは歓迎してるってことでしょ？」

パパ「まあ、そういうこと」

和泉「なるほど……じゃあ、たとえば新しい洋服とかはどうなのかな？」

パパ「なんか成長とかチャンスとか関係あるの？」

和泉「カワイイ洋服を着てればカッコイイ男子に告白されて、いまから有望男子にツバをつけとける！　あとは街でスカウトされて芸能界デビューできるかも！　これはチャンスよ！」

パパ「オイオイ……」

目的のない節約貯金は思考停止と同じ

パパ「穣一くん、いらっしゃい、久しぶりだね」

穣一「就職活動のときはお世話になりました。お礼に伺うのが遅くなってしまってすみませんでした」

パパ「いやいや、忙しいのは何よりだ。そういえば穣一くん、先日メールで家を買おうかどうか迷っているって言ってたけど、もう決まったのかい？」

穣一「いやあ、欲しいとは思うんですが、頭金とか諸経費とか必要で、なかなかお金も貯まらなくてですね……もうしばらく時間がかかりそうです」

パパ「まあ、穣一くんの年齢であれば、マイホームは急ぐ必要もないし、**無理に貯金なんてしないで全部使い切ってしまってもいい**ぐらいだよ。子どもがいるわけでもないし」

穣一「えっ、全部!?　でも、同期の中には、もう300万円も貯めたっていうヤツもいたりして、ちょっと焦りますよ。まだ就職してから３年なのに」

パパ「どうかなあ。そういえば雑誌やウェブのコラムなんかでも、『20代で2,000万円貯めた人の習慣』とか『年収300万円でも10年で1,000万円貯める方法』といった特集が組まれることがあってそれなりに人気らしいけど、貯金ってそんな大切なのかねえ」

穣一「何かあったときの備えは必要ですよね」

パパ「まあね、たしかにゼロじゃ余裕がなくなるだろう。病気になって働けなくなることもあるし、突然会社が倒産とかリストラとかいう可能性もある。だから貯金はあったほうが望ましい。でも、特に理由もなく貯金そのものが目的になってしまうと、それはただの思考停止だ」

慶太「思考停止って、どういうこと？」

パパ「たとえば、野菜を食べることは大切だけど、それは何のためかというと、そもそも健康維持が目的のはずだろう？なのに、健康にいいからといって野菜ばかりを食べていれば、栄養バランスが崩れる。つまり『その行為の本来の目的は何か』に立ち返って考えることが大切なんだ」

穣一「本来の目的、ですか」

パパ「安心を得ることと引き換えに、もっと楽しい経験をすることなく人生を終了してしまうリスクについて、もっと敏感になっておかなきゃ。日本人は平均して、約3,000万円の貯金を残して死ぬらしい」

慶太「え、そんなに！」

パパ「たとえば、豪華客船で世界一周旅行をするのにかかるお金は300万〜500万円ほど。自分のカフェバーをオープンさせるのだって、1,000万円もあれば可能だ。つまり、**自分の可能性を広げる経験が充分にできるほどの金額を残し、人生を楽しむことを先送りしたまま生涯を終えていく人がとても多い**ってことだ。とてももったいない、と感じないかい？」

穣一「そう言われれば、たしかに……」

パパ「ガソリン代がもったいないからといって、マイカーに乗るのを控える。電気代がもったいないからといって、エアコンを使うのを控える。高かった毛皮のコートが汚れるのが嫌だからと、クローゼットの中にしまっておく。たしかにそういう判断もあるかもしれないけど、冷静に考えてみると、乗らない車、使わないエアコン、着ないコートの存在価値ってなんだろうって、疑問に思うんだよね」

穣一「たしかに、乗らないマイカー、使わないエアコン、着ないコートって、そもそも持っていないのと同じですよね。せっかく買うときに大きな出費をしたのに。だったら徹底的に使い倒さないと、もったいないって感じますね」

自己投資して自分の経験値を増やす

穣一「でも、節約貯金って、常識みたいになってますよね」

パパ「お金を貯めようと節約貯金をすることは、いま使えるお金を少なくするってことだよね。結果として、自分ができることの幅や深さをわざわざスケールダウンさせることと同じだろう？
『お金がもったいないから本を買わない』
『お金がもったいないから勉強会に行かない』
『お金がもったいないから旅行にも行かない』
そんな生活を続ければ、たしかにお金は貯まる。でも、それでその先いったいどれほど魅力的な人物となるか、僕は疑問なんだよね」

慶太「たしかに、父さんもよく言ってるよね。自分の幅を広げるものは3つある。人と会うこと、旅をすること、本を読むことだって」

パパ「たくさんお金を持っていれば『お金持ち』なのかもしれないけど、**ただお金を貯めこんでいるだけであれば単なる『貯金持ち』に過ぎない**。ただの貯金持ちは、多種多様な経験を積んでいない。だから、トラブルにも弱い。堅実であるがゆえに冒険したことがなく、“つまらない”ことが多い。

私の偏見かもしれないけどね。いずれにせよ、節約貯金ばっかりしていると、スケールの小さな人生となるリスクをはらんでるってことだ」

穣一「たしかに、その同僚は貯金が趣味みたいな感じですね。昼食も手作り弁当だし、会社が終われば毎日一直線に家に帰ってて、『付き合い悪い』って言われてます。でも、そうは言っても老後の備えも必要ですよね」

パパ「老後が不安なら、**老後も稼ぎ続けられる自分になることが一番確実で安心の方法**だ。穣一くんの年齢だと、職業人生はあと40年以上続く。老後から人生が始まるわけじゃないし、現役時代が輝いてないと老後も輝かないんじゃないかな」

慶太「父さんがいつも言っている、**『投資と消費と浪費』を区別しろ**、ってことだね？」

パパ「そう。投資とは、株や不動産とかではなく自己投資のこと。消費は、日常の生活必需品。浪費は、単なる自己満足や見栄のための出費だ。特に20代は仕事で最も成長する大事な時期だから、ほとんどを『自分への投資』に充てるべきだよ」

穣一「でも、そんなに使うところありますかね？　資格を取るとか？」

パパ「仕事をするのに不可欠だったり、昇進昇格に必要な資格なら取らなきゃいけないけど、『何かに備えて』なんていう漠然とした動機なら必要ない。社会人に必要なのは、テキ

ストを読んで問題を解くという受験勉強の延長のようなものではなく、スキルや能力とか**目に見えない仕事の実力に直結する勉強だ**よ」

穣一「さっき慶太くんが言っていたような、本を読むとか、勉強会に参加するとかですか？」

パパ「それもあるし、海外旅行も日本との違いを考察する勉強になる。優秀な先輩や上司を酒食に誘って話を聞くことも自己投資だ。一方、パッケージツアーだったら、ガイドブックに載っている名所をなぞるだけの“確認旅行”になってしまう。ただ会社の同僚と飲みに行って上司の愚痴を言うだけなら浪費だ。だから、投資的なお金の使い方を意識する必要がある」

穣一「つまり、**20代は節約貯金よりも、まず自分の経験値を増やせ**ということなんですね。そうか、全部使い切れってそういうことなんですね」

パパ「そうだ。まあ、人生は壮大なRPGみたいなものだね。経験値を上げれば、アイテムがゲットできて、より難易度の高いステージに行ける。けれど、経験値が少ないと、手持ちの武器が少なくて、戦えない。そんな感じだね」

コスパか、タイパか

ママ「こないだ隣町のスーパーで玉子の特売をやってて、電車で買いに行ったのよ」

パパ「わざわざ？　それ、時間のほうがもったいなくない？」

ママ「たしかに、往復で40分ぐらいかかったわ……」

パパ「お金が減るのは目に見えるけど、時間が減るのは目に見えないから、どうしてもわかりやすいお金のほうを優先してしまってるんじゃないか？
お金は失ってもまた稼いで取り返すことができるけど、時間は失うと二度と戻らないことに敏感にならなきゃ」

ママ「敏感になるって、どういうこと？」

パパ「コストパフォーマンス（最小のコストで最大のメリット）とタイムパフォーマンス（最小の時間で最大のメリット）を都度比較して判断することだ。つまり
『この場面では自分の時間を投入してお金を節約すべき』
『この場面ではお金を投入して時間を節約すべき』
というように、時と場合に応じて合理的にその峻別をしようとする意識を持つんだよ」

ママ「もっと具体的に説明してよ」

パパ「たとえば、出張時など移動時間に落ち着いて仕事に集中したい場合、追加料金を払ってでもグリーン席や指定席、飛行機ならビジネスクラスを利用したほうが効率的だ。
この場合、お金で『快適な時間と空間を買う』ことで生産性が上がるわけで、タイムパフォーマンスを高めることができる。
逆に、出張帰りで疲れているので仕事をするわけでもなく、ビールを飲みながらゆったり帰ろうという場合は、普通席や自由席でもいいだろう？　なんなら、新幹線は『のぞみ』ではなく、『ひかり』や『こだま』でもいい。
この場合、アウトプットの質や量に関係ない移動時間に追加料金を払うのはコストパフォーマンスが悪いから、安く済ませたほうがいいというわけだ」

ママ「よくビジネス自己啓発書には『移動は必ずグリーン席やビジネスクラスに座れ』とか書いてるけど、時と場合によって分けろということね」

パパ「ほかにも、たとえばラーメン店や宝くじ売り場、正月の初売りなどでよく見かける行列。それもやはり、並んで得られるものの価値とかける時間とを天秤にかけて、どちらがより生産的（あるいは楽しいか）なのかを考えて判断することだ」

ママ「レストランなんかなら事前に予約することで並ぶ時間を節約できるとか、テーマパークなんかでもファストパスやエクスプレスパスを買うほうが同じ時間でたくさんのアトラクションを楽しむことができて、より有効な時間とお金の使い方ってことになるわけね」

パパ「逆に、たとえば数年に一度しか日本に来ない著名アーティストの公演チケットを買うために並ぶのであれば、必要な時間ということになるかもね」

ママ「なるほど〜。つまり、この場面では自分の時間を使ってお金を節約するほうが合理的、あの場面ではお金を使って自分の時間を節約するほうが合理的、っていちいち考えるということね」

パパ「そう。自分の時間も自分のお金も、つねに価値が一定なわけではなく、その時々に応じて価値が変わるんだ。そこを峻別できるようになれば、後悔の少ないお金と時間の使い方につながると思うよ」

「頭で生活する」習慣を持つ

パパ「目に見える自己投資だけが大事なんじゃない。ぶっちゃけ、街を歩いていても勉強になるんだ」

慶太「どういうこと？」

パパ「たとえば銀座を歩くと、いくつか画廊を目にするけど、どこも閑散としていて商売っ気がない。『家賃も高いだろうに、なんで潰れないんだろうか？』と疑問を持つ。そこで調べてみると、彼らは外商やオークションで儲けているので、画廊は倉庫兼ショールームみたいなものなのだとわかる」

慶太「そうなんだ、知らなかった……」

パパ「ネットで買い物をすれば、注文確認メール、発送済みメール、到着後のフォローメールが来るけど、これらにもちょっと意識を向けてみると、顧客にリピーターになってもらう工夫、クレームやトラブルを防ぐ工夫などが組み込まれていることがわかる」

穣一「たしかに、気づけることはありますね」

パパ「ショッピングに行ったら、すぐに店員が近づいてきて、『何かお探しでしょうか』と声をかけてたとする。それを自分はうっとうしいなあと感じたら、『もし自分が接客する立場なら、どういう動きや言葉を使うべきか？』を考える、反面教師になる」

慶太「なるほど」

パパ「そんなふうに「頭で生活する」習慣を持つことだ。高学歴者や富裕層は、幼少期の頃から
『なぜこうなっているんだろう？』
『こうすればいいんじゃないか？』
『目標達成を阻害しているのはこれじゃないか？』
などといつも疑問や好奇心を持ち、思考を発動している。社会に出てからも、
『この会社はなぜ儲かっているのか？』
『このマーケティング施策は何を狙っているのか？』
などをいちいち考える。すると、つねに経験から知恵を抽出し、さまざまなことに応用できる可能性が広がる。多くの人にとってなんとなく過ぎ去る光景も学びになる。これを数十年続けると、大きな差になるということは、なんとなくイメージできるだろう？」

穣一「たしかに、頭の中の作業は他人の目には見えないから気づきませんが、優秀な人はこういうことを毎日繰り返しているんでしょうね……」

パパ「一方、庶民はいちいち立ち止まって考えることをしない。日常生活のさまざまな場面で「ほんとう？」「なぜ？」と問い直す習慣がない。常識や慣習を疑わない。さまざまな情報を多面的に比較して判断するという知的作業をスキップしたがる。政府やマスコミの言うことを鵜呑みにする。だから『〇〇がダイエットに効く』というテレビ番組が放映され

たとたんに当該商品がスーパーの棚から消えるということが起こる。つまり『なんとなく生活してる』人がほとんどで、日常生活の中で目に映る光景はただ流れていくだけなんだ」

慶太「そういえばバスケでも、優秀なプレーヤーは首振りがすごいんだ。走っているとき、ボールをもらう前、ボールを投げた後とか、いつも首を振ってコート全体を見渡してるから、自分のチームメンバーや相手チームの動きを把握してる。だから、どこにパスを出すべきか、どこに穴ができるかがわかるんだ。これに気づいてる人って少ないんだよ。じつはオレも、サッカー部の同級生に聞いて知ったんだけど」

パパ「なるほどね、素人には気づかない一見小さな違いが、どの分野でも一流と三流を分かつんだろうね。小さな違いが大きな差を生むってことだ」

穣一「でも、頭の中は見えないですよね」

パパ「そうだね。スポーツや机上の勉強、あるいは仕事などは、努力量や努力の質がある程度は目に見える。他人と比較もできるから、自分の努力が十分なのか不足しているのかもわかる。たとえば、作業している姿、費やした時間、トレーニングの内容、解いた問題の数とか、こなしたテキストの冊数、成績や偏差値とか……。でも、思考の量や思考の質は、だれにも見ることができないし、他人との比較もできない。思考力の偏差値は存在しないし作れない。知能検査なんかでわかるのも、脳機能のほんの一部。だから、必要な努力量も質の優劣もわからない」

穣一「じゃあ、自分は考えているほうなのか考えていないほうなのか、思考力は高いのか低いのか、自分の立ち位置はどのあたりかもわからない……」

パパ「こればっかりは、意識して鍛錬するしかないってことだね。だから、頭で生活する習慣をつけることが大切なんだ」

穰一「僕も『頭で生活する』を意識します！」

慶太「オレも！」

お金を出すことは「大事にしている」というメッセージになる

海斗「オレ、今度の週末、はじめてのデートなんだ！　どこに行こうかなあ～」

慶太「へえ、よかったじゃん。映画とか遊園地とかか？」

海斗「う～ん、オレそんなに小遣い余裕ないしな」

咲良「アンタ、もしかしてデート代はワリカンにしようとか思ってない？」

海斗「え、そんなのあたりまえだろ？」

咲良「バカね。つきあい始めたらともかく、最初のデート代くらい男子がおごるものよ」

海斗「何言ってんだよ！　男女平等の時代なんだから、男ばっかり払うなんて不公平じゃないか」

咲良「ああもう、ホント女の子の気持ちがわかってないわね。いい？　同じような人が２人いたとして、一方はオゴってくれる、一方は毎回きっちりワリカン、どちらに魅力を感じると思う？」

海斗「ええー？　どっちも同じじゃないか？」

慶太「オレも母さんから同じことを言われてるよ。学生のうちはワリカンでも仕方ないけど、社会人になったらデート代は全部男がおごるべきだって。デートでの**おごりは『相手を大事にしている』という意思表示**なんだって。それを言葉にするとしらじらしいから、態度で示すこと、それがおごることらしい。それに、女性の側からも、『私にお金をかけたくないってことね』と受け止められる危険性もあるって」

咲良「へえ、慶太のママはさすがね」

慶太「まあ、海斗の言うとおり、まだ高校生だから、おごりは最初だけで、あとはワリカンでもいい気もするけどね」

海斗「なんかめんどくさいなー」

慶太「でもよく考えれば、いつの時代もどの国でも、大事な人をもてなすには酒食の席を設けるよな。つまりそれって、人間の普遍的な本能なんだと思う。
ということは、デートに限らず、そういう『まず自分から与える姿勢』って人間関係づくりで重要だってことだろ？」

海斗「おまえ、ときどき大人っぽいこと言うよな……」

「カードだと使いすぎるから現金がいい」と考えない

慶太「来年18歳になったら、自分でクレジットカードを申し込めるようになるのかあ」

パパ「『使いすぎるから現金がいい』って人もいるけどね」

慶太「たしかに、打ち出の小槌みたいな感じはするよね」

パパ「自分のお金が減っていくのが直接見えないから、『まだまだ大丈夫』なんて気が大きくなってしまって、翌月の引き落としで口座の残高が足りなくなる、ってことになったりするんだ」

慶太「そうか、もし10万円使ったら、翌月には10万円が引き落とされるんだもんね。怖い怖い！」

パパ「でも、**現金を持ち歩く必要がないし、ポイントが貯まって実質値引きになるから、本当はオトク**なんだけどね。カードであろうと現金であろうと、つねにいったん立ち止まって
『これは本当に必要な出費か？』
『これは自分にとってどういうリターンがあるか？』
って考えながら使わないといけない」

支払いは延滞しない、キャッシングはしない、カードローンは申し込まない

慶太「でも、リボ払いなら、毎月一定金額になるんだよね？」

パパ「リボ払いなんて、よく知ってるな」

慶太「テレビでよく宣伝してるし、ネット広告でも出てるしね」

パパ「あれはやめておいたほうがいい」

慶太「どうして？」

パパ「おかしいと思わないか？　たとえば、リボ払いで月２万円定額と設定したら、１万円使っても10万円使っても、毎月２万円しか引き落とされないんだよ」

慶太「そう言われればそうだ。どういう仕組みなんだろう？」

パパ「支払いが延々と繰り越されることになる。仮に今月６万円使ったとすると、その支払いが終わるのには３か月かかるってこと。もし毎月６万円使うと、年間72万円だから、以

降のカードでの買い物をやめたとしても、支払いが終わるのはそれから３年もかかる。もし毎月６万円の買い物を続ければ、ずうーっと引き落としが続く」

慶太「そうか、月２万円以上使うと、先延ばしして返済しないといけないってことか……」

パパ「それだけじゃない。もっと怖いことが待っている」

慶太「何？」

パパ「利子だ。返済を先延ばしできるということは、その間はカード会社からお金を借りているのと同じだからな。お金を借りれば、利子がかかる。しかも、リボ払いの利子は、カード会社によるけれども、だいたい年利15％だ。10万円を借りれば、年1.5万円の利子がかかり、11.5万円返済しないといけないということ」

慶太「それは高いの？　安いの？」

パパ「**めっっちゃ高い！**　2023年のいま、たとえば住宅ローンの変動金利で0.5％程度、一般的な事業融資で0.6〜1.5％程度だからな。普通に借りるのと比べて10倍以上だ」

慶太「ええ！　そうなんだ！」

パパ「カードのリボ払いは、そこに利子がオンされるわけで、実際の支払額はもっと増える。ということは、使い過ぎれば、毎月支払っているのは利子だけで、元本はまったく減らないということが起こりうるわけだ」

慶太「たとえば、200万円の買い物をしたら……？」

パパ「年間の利子は30万円だ。月２万円のリボ払いだと年間24万円の返済だから、100％利子だけの支払いで、200万円の元本はまったく減っていないよね。ということは、どこかでリボ払いの金額を上げるとか、一括返済などをしないと、永久に支払いが続くってこと」

慶太「なるほど、毎月一定額の返済だからラクだねってことじゃないんだね……」

パパ「**企業は、自社が儲かる商品しか出さない**からな。会社が儲かるということは、消費者が損をするということ。だから、リボ払いはやめたほうがいい。そして、カードの使い方としてもっと重要な注意点がある」

慶太「もっと重要？」

パパ「そう。それは、**絶対に延滞してはダメ**だ。口座引き落としなら残高不足にならないよう、コンビニ払いなら支払日を過ぎないよう、注意しないといけない」

慶太「残高不足や支払日を過ぎたらどうなるの？」

パパ「すぐにではないけど、事故情報として個人信用情報データベースに記録されるようになっている。これがいわゆる『ブラックリストに載る』って意味だ。そもそも、だれがどのクレジットカードを申し込んだか、どのクレジットカードを持っているかも、すべて記録されて把握されてる。カード会社や銀行なんかの金融機関は、このデータベースを見て、その人にお金を貸すかどうか、カードを発行するかを決めてる。カードもカード会社の審査があるし、お金を借りるときも審査があるんだけど、それにはデータベースを閲覧して事故情報がないかどうかを確認する作業も含まれているんだ」

慶太「事故情報が記録されると、どうなるの？」

パパ「絶対というわけじゃないけど、新しくカードを作れないとかお金を借りられないことになる。実際、事故情報のある人に対して、金融機関の担当者はこう思うよね。**『この人、お金の管理にだらしない人だ。貸すのは危険だ』**って」

慶太「まあ、オレでもそう思うだろうな」

パパ「あと、よくテレビCMでやってるだろ、『○○銀行のカードローン』とかって。このカードローンは、かつて『消費者金融』とか『サラ金』と言われていたもので、名称が変わっただけ。だから、これで口座を持ってお金を借りると、やはり高い利息を払う羽目になる。クレジットカードでお金を引き出すことをキャッシングというけど、これもほぼ同じだ」

慶太「まともな金銭感覚を持っていれば、カードローンでお金を借りたり、キャッシングをすることはないね」

パパ「そう、つまりカードローンでお金を借りないといけないほどお金にルーズとか、突然の出費に迫られてキャッシングせざるをえないほど、**『計画性がない人』と思われる**。奨学金だって、返済が滞れば、事故情報として記録されるんだよ。

そして、この記録はだいたい５年間ほど残る」

慶太「５年経ったら消えるの？」

パパ「うん。でもその５年の間に、もっと有利なクレジットカードが出たり、結婚して家を買うから住宅ローンを組みたいなんて状況が変化するかもしれないだろ？　なのに、何もできずチャンスを逃すことになってしまう」

慶太「**カードの支払いは延滞しない、キャッシングはしない、カードローンは申し込まない**ってことだね」

相続すべきものは お金ではなく知恵

ママ「ねえパパ、ママ友がね、義理の両親からマンションを買う頭金を出してもらったんだって。しかも1,000万円も！いいわねえ」

パパ「そうか？　むしろ気の毒だと思うけどね」

ママ「えー、なんで？」

パパ「たとえば、マイホームを買いたいけれどもお金が足りない。じゃあどうする？
複数の銀行にあたったり、ローンアドバイザーに相談したり、売主に値下げ交渉をしたりするよな。そうやって、どうすれば買えるかいろいろ工夫する。
でも、親から援助してもらえるなら、そんなことを考えなくてもいい。つまり、思考停止を招くってことじゃないか？」

ママ「でも多くの親は、子が困っていたら手を差し伸べたくなるものじゃない？」

パパ「それは僕も同じだよ。その気持ちが問題なんじゃなく、安易にお金を与えることが問題だと思ってるんだ。
中国の故事に『貧しい人に魚を与えても、食べてなくなればまた飢える。しかし魚の釣り方を教えれば、自分で魚を釣れるから貧困から抜け出せる』というものがあるんだけど、それと同じ。支援すべきは、「お金」でなく「知恵」なんじゃないかな」

ママ「知恵、ねえ」

パパ「子どものマイホームの頭金に1,000万円援助するよりも、よほど価値のある支援とは何か。それは、お金や不動産ではなく、好奇心や自分の力で人生を切り開く前向きなマインドといった知的基盤だと思ってる。
たとえば、日本のサラリーマンの平均生涯賃金は約２億円だと言われているけど、もし自分の子が10億円稼げるようになれば、８億円の財産を残したのと同じことになるだろう？
そう考えれば、マイホームの頭金の1,000万円など取るに足らないと感じないか？
それに、お金を遺せば税務署に持っていかれるけど、頭脳はだれからも奪われない」

ママ「じゃあ、あの子たちにもお金は残さないってこと？」

パパ「そうだね。僕は、お金も何もない状態から人生を切り拓くことは最大の醍醐味の１つであり、人間が人間であることの存在意義だと考えているんだ。何もせずにお金をもらえたら、人は創意工夫や努力から離れていくし、困難なことへのチャレンジやリスクを取ることを避けようとするかもしれないだろう？」

ママ「パパはキビシー！　でもそれ、『獅子はわが子を千尋の谷に落とす』ってやつね」

3章

学びとお金のつながりを知る

学校の勉強は社会に出たときの役に立たない？

慶太「よっしゃ！　いい感じに偏差値上がってる！」

咲良「慶太ってまじめよね。でも、学校の勉強なんて社会に出ても役に立たないんだから、必死にやるだけ無駄なんじゃない？」

慶太「え？　そうなの？　受験を突破するには勉強するしかないから、そんなこと考えたこともなかった」

咲良「特に数学！　微分積分とか、サインコサインタンジェントとか、もう全然わからない！　でも、こんなの日常生活では絶対使わないじゃない？」

帰宅後

慶太「……というやりとりが今日あったんだけど、父さん、学校ではたしかに実生活では役に立たないことを勉強してるよね。咲良の言うこともわかるなあって」

パパ「なるほど、理解できなくもないけどね。でも、たとえば科学技術や研究開発領域の職業では、数学は直接役に立つよ。建物の構造計算には微積分が必要だから、数学ができないと高い建物は作れない。データ分析で使う統計学でも、数学の知識が必要だ。宇宙ロケットの打ち上げなんて、計算の塊だし。まあ、そういう一部の職業や仕事を除いて、ほとんどの人には小学校の算数レベルまでで十分だろうけど」

慶太「そんなこと考えたこともなかったよ。でもやっぱ、そういう専門的な職業以外の人には役に立たないから、勉強しても意味ないってことになるの？」

パパ「仮に実生活では直接役に立たないとしても、数学に限らず学校の勉強は、生きていくうえでさまざまな問題に直面したとき、**自分が持っている知識と思考の枠組みを活用・応用して解決できる思考回路を作ってくれる**ものなんだ」

慶太「どういうこと？」

パパ「勉強の中身そのものが役に立つというよりも、勉強する過程で脳が鍛えられ、そうやって形成した強靭な頭脳が土台となって役に立つんだ。たとえばどんなスポーツでも、必ず走る練習をするだろう？」

慶太「オレはバスケ部だから、モロに走るけどね」

パパ「でも、卓球みたいに走らないスポーツでも、弓道みたいに上半身しか使わないように見えるスポーツも、必ず走る練習が組み込まれる。それは、足腰の強さはすべての運動能力の土台だからだ。持久力、瞬発力、バネ、安定性、バランス、姿勢の制御を高い次元で獲得するには、強靭な足腰が必要だ。だから、一見意味がないとか役に立たないと思える『走り込む』練習をしないといけない」

慶太「それはわかる」

パパ「勉強もそれに似ていて、論理的な思考力や抽象化思考力、問題解決の筋道の立て方、知識の応用方法を、勉強を通じて身につけていくわけだ。たとえば**数っていうのは、抽象化思考の根幹でもある**んだ。たとえば、リンゴ３個、自動車３台、ネコ３匹も、すべて『３』で扱える。虚数とか二次関数は目に見えないだろう。そんなふうに、**目に見えない世界を扱う力は、社会に出たら不可欠**なんだ」

慶太「抽象化思考って、よくわからないな」

パパ「受験勉強に置き換えてみよう。進学したい大学の入試に受かるのが目的とする。その大学の偏差値といまの自分の偏差値の差を埋めて合格できる勉強のやり方を考えるのが戦略だ。英・国・数・理・社の自分の弱点を知り、それを潰すにはどういう勉強が必要か。入試までの日程を分解し、どういうスケジュールで勉強して合格ラインに持っていくか。**目的達成のために学習範囲と学習スケジュールの全体を俯瞰するのが抽象化思考力**だ。『戦略を描く』ともいえるね。優秀な人ほど、この抽象化思考力が高いんだ」

慶太「なるほど、それ部活も同じだよね。全国大会出場を目指して、日々どういうトレーニングをするか、どんな連携プレーをするか、前半リードしたときやビハインドしたときの後半の戦い方とか、まさに抽象から具体に落とす作業だよね」

パパ「だから、強い部活のキャプテンは、勉強もできる人が多いだろう？　まあ要するに、学校の勉強も受験も、学校を卒業した後の長い長い人生の中で必要な知識やスキルをその都度習得して活かし、それまで学んだことを組み合わせて応用し、深く緻密に思考できる高性能な脳をつくることに役立ってるんだ」

慶太「でも、偉人伝なんかだと、学生時代は勉強をまったくしなかったとか、不出来だった人が後年成功するという話はよくあるよね」

パパ「『例外があるからその理屈がまちがってる』と考えるのは、それこそ抽象化思考が弱いからだ。そういのは例外であり、めずらしいからネタになるってこと。実際、**成功している人のほとんどは高学歴**だよ」

慶太「やっぱり、成功と学力って相関するってこと？」

パパ「むろん絶対ではない。勉強しても成功しない人もいるけれど、勉強しなければ成功は遠ざかるってことだね」

¥

言語能力が低ければ、経済的な成功はありえない

咲良「ちょっと慶太！　バスケ部辞めるって本当？」

慶太「おお、耳が早いな。本当だよ。こんどのウインターカップで引退だ」

咲良「えっ！　だってアンタ、１年の時からレギュラーで次期主将候補じゃなかったっけ？　チームは大丈夫なの？」

慶太「ああ、１年に全中ベスト８のすごいヤツが入ったから、ポジションの穴埋めは問題ない。キャプテンも、ほかのやつがやるよ。それに、オレの中じゃバスケはもう中学で燃え尽きてて、高校では惰性でやってるようなもんだったからな。ちょうどいいかと思って」

咲良「でも、部活辞めてどうするの？」

慶太「辞めるのはバスケ部で、弁論部には残る。ウチの高校、部活をかけもちできるの知ってるだろ？　弁論部は毎日じゃないし、拘束時間も短いから、かけもちしてたんだ。バスケは朝練もあるし、ハードな練習やってたら疲れて受験勉強できないし」

咲良「弁論部？　かけもちしてたなんて初耳だわ」

慶太「まあ、運動部がメインのウチの高校じゃ目立たないからね。でも、論理的思考力を養うには絶好のトレーニングになるんだ。それに、入試の小論文の勉強にもなるしね。小論文は論理思考そのものだし」

咲良「慶太のお父さんが言ってた『国語を一生懸命やれ』って話？」

慶太「それにもつながる。
『正確に日本語を運用できる能力を鍛え、語彙力、表現力を増やすこと。**言葉にできるというのは強力な武器であり、経済的成功の条件でもある**』
って、父さんから耳タコでずっと言われたきたからな」

咲良「武器？　成功？　言葉とどう関係あるの？」

慶太「オレたちは言葉で考えるだろう？　反省、予測、想像、判断なんかも、頭の中で言語化して考える。言葉で世界や社会や人間を捉え、自分を捉え、それをまた言葉で表現する。でも、語彙力がなければ適切に捉えられないし、表現もできない。たとえば
『今日はこういうことがあった』
『こういう教訓があった』
『自分はそれをどう受け止めるか？』
『そして次はどうすべきか？』
とかって内省するよな？　それができないと、問題解決ができないし、予測もできない。教訓化できなければから、同じまちがいを起こす。不安を可視化できないから、悩みがぐる

ぐる回るだけで、ずっと不安が続く。言語化能力が弱いと、そういう緻密な思考も弱く不充分だから、自分すら正確に理解できないらしいんだ。これって、モロ仕事やその成果に直結するだろ？

咲良「たしかにねぇ……」

慶太「それに、相手に正確に伝える、相手に理解して納得してもらう、周囲に動いてもらうにも、状況や相手にふさわしい言葉の選択や使い方が必要だろ？　紙に書いたり、メールに書いたりするにしても同じ。つまり、**言語能力が低ければ、他人に理解してもらうことも、動いてもらうことも、協力してもらうこともできない**。それじゃあ、組織やチームは機能しない。つまり、経済的な成功はありえないってわけだ」

咲良「LINEでも、何が言いたいのかわからないメールを送ってくるコとかいるもんね。そういうときは、ちょっとイラっとしちゃうかな」

慶太「LINEとかはテキトーでも相手は友達だから理解してもらえるし、会話も仲間内ならテキトーで成立する。言語力が問われるのは、せいぜいテストの答案くらいだろ？　でも**社会に出たら、言語能力があらゆる場面で問われる**そうなんだ。だから、大人はみんな『本を読め』って言うわけさ。まあそういうわけで、弁論部はいいかなって。それと、土日祝祭日にバイト始めたしな」

咲良「え、アンタ、バイトもやってるの？　ホント、何でもやるわね……」

「大学に行くほうが生涯賃金が多くなる」はホント？

海斗「はあ～」

慶太「どうした、ため息なんてついて」

海斗「ああ、母さんに『とにかくどこでもいいから大学までは行きなさい』とか言われてさ。高卒だと就職に不利だし、高卒と大卒だと生涯賃金も大きく違うからって」

慶太「行けそうなところは目星ついてるのか？」

海斗「オレの偏差値で受かりそうなのはこのヘンかな～」

慶太「聞いたことない大学ばかりだな」

海斗「だろ？　そんなところに行く意味あるのかなって。しかもウチの場合は、奨学金を借りなきゃだからな」

慶太「そうだなあ。まあ奨学金を借りてまで行くところじゃないかもな。それにしても、親世代の**『大学までは行かないと』って考えは、ある種の宗教みたい**だな。ウチの親は、『何か目指すものがあるときに必要なら行けばいいし、そうでないなら行かなくてもいい』って言ってたよ。そもそも、大学を出たからといってうまくいく世の中でもないし」

海斗「だろ？　こんなどうしようもなさそうな大学に行くより、就職とか専門学校で資格を取るとかのほうが現実的だと思うんだよな」

慶太「じゃあ、勉強して給付型の奨学金を取って行けばいいんじゃないか？」

海斗「そんなの無理だよ。ウチは貧乏だからな。ほら、貧乏って遺伝するって言うじゃん？　完全に親ガチャハズレだよな」

慶太「それは違うんじゃないか？　海斗は親とは違うんだから、**親とは違う生き方を選べる**だろう？　そりゃ、いままでは親の影響を受けてるかもしれないけど、高校を卒業したら自由だぞ？　もう親なんて関係ないじゃんか。
『親にお金がないから自分は不遇だ』
『お金があったらもっとパッとしてるはず』
っていうのは、現実逃避だよ。お金がないから何もできないっていう人間はお金があっても何もできない、ってウチの父さんが言ってた。お金がないなら、ないなりになんとかしようとするのが創意工夫だろ？　**創意工夫をやめるってことは、人間をやめるってこと**だよ」

海斗「おまえ、ときどき厳しいこと言うよな……」

自活することは経済的自立と精神的自立につながる

慶太「父さん、進学のことでちょっと話したいことがあるんだ」

パパ「いいよ」

慶太「第一志望はここを受けるつもり。第二志望はここで、滑り止めにここを考えてる」

パパ「おっ、けっこうな難関大だな。それにしても、やっぱり東京か」

慶太「うん、行きたい大学が東京っていうのもあるけど、やっぱ一度は東京を経験したいんだ」

パパ「そうか。そういえば最近は、お金がかかるからと親元から通える大学にしたり、同級生もいる地元でずっと暮らしたいっていう、マイルドヤンキー的な生き方を好む人も増えてるらしいね」

慶太「これはオレなりに持論がある。まず家を出て1人暮らしをすることは、自立になると思っている。父さんも知ってるだろ？　18歳で成人を迎えれば契約の主体になれるから、アパートの契約もできるし、スマホの契約も自分でできる。１人で責任が取れる。なのに**いつまでも親に頼っていたら、足腰が弱いまま**でしょ？　だから、親元を離れて自活することは、経済的自立と精神的自立につながると思ってるんだ」

パパ「経済的自立はわかるけど、精神的自立ってのは？」

慶太「家にいれば親の影響を受ける。別にそれが悪いわけじゃないけど、やっぱり**自分固有の価値判断基準を作る必要がある**と思うんだ。それに、東京に行けばいろんな人がいて刺激を受けるだろうしね。そんな膨大なチャンスに恵まれることと比べたら、『自宅通いなら家賃も食費もかからないから』なんて、発想のスケールがちっぽけ過ぎると思うよ」

パパ「はうぅ……頼もしいような、寂しいような……。まあ、自分で決めたことなら好きにすればいい。でもその大学、受かりそうなのか？」

慶太「はうぅ……がんばります……」

夢にもお金にも縛られず、生き方の選択肢を増やす

和泉「お兄ィ、前は医者になりたいとか言ってなかった？」

慶太「それ、ずいぶん昔の話だよ。医者は**人生が見え過ぎてる**感じがしてな。だから、情報工学系に進んで起業しようかと思って」

和泉「人生が見え過ぎてる？」

慶太「医者になるには、医学部に進学するよな。それで大学に入れば、次は医師国家試験に合格する必要があるから、その勉強に忙殺されることになる。合格したら、実習生として経験を積み、病院に配属される。そこから研究畑に進む人もいれば、診療科目を選択して臨床の現場に進んだり、どこかで開業に踏み切る人もいる」

和泉「いろんな選択肢があるように聞こえるけど」

慶太「どの道に進んだとしても、日々の診察や診療のかたわら、最新の医学論文を参照したり、先端の医療技術を学んだり、新しい医薬品や医療機器などの情報を収集したりして腕を上げていく努力が生涯にわたって求められるのは変わらないよ。なんかもう先まで見え過ぎてて、**『人生に余白が少な**

い』って感じないか？」

和泉「でも、専門家になるってそんなもんじゃない？　それに子どもの頃からの夢を叶えるってすごいことだし」

慶太「たしかにな。ただ、夢にこだわるあまり、その夢に人生を縛られるのはイヤだなと思ってさ。たとえば、プロ野球選手を目指すなら、プロサッカー選手にはなれないだろ？　特定の職業に早々に決めてしまえば、選択肢がない。でも、選択肢を複数持っていれば、ほかに面白そうなことがあればすぐに乗り換えることができる。そういう回り道、寄り道をするほうが楽しいんじゃないかと思って」

和泉「あたしは別に夢とかやりたいこととかないから、フラフラするけどね」

慶太「おまえはそういうとこあるよな。でもオレも、**回り道こそじつは王道**なんじゃないかと思ってるんだ。何かに取り組んでいれば、次の新しいチャンスがやってくる、みたいな。バスケ部と弁論部をかけもちしてたけど、弁論のほうに適性があるって実感してる。これは、やらないとわからなかったことだ。今後も、同じようなことがたくさんあると思うんだ。だからいろいろ選択肢が広がる道を選ぶことにした」

和泉「起業は夢とは違うの？」

慶太「起業はただの手段だし、通過点だよ。それに自分で商品やサービスを作って、値段を付けて売る能力があれば、ビジネスは何だってできるだろう？　**『やろうと思えば何でもできる』力をつけておけば選択肢は無限に広がるし、自由な生き**

方ができると思うんだ」

和泉「お金儲けもできるしね」

慶太「**お金だって、手段に過ぎない。**でも、会社員だと収入に上限があるけど、起業してうまくいけば青天井だからね」

和泉「おにいは欲張りだね。あたしはグータラに生きるわ」

慶太「おまえはそのへん達観してるな」

和泉「いいオトコ捕まえてゴールインしちゃえばアガリよ」

慶太「ある意味すげえよ、おまえは」

お金で時間とチャンスを買う

慶太「志望校の学費を調べたら、けっこうするんだね……。１人暮らしにもお金がかかるし、奨学金を借りないとダメかな？」

パパ「まあ、学費ぐらいは父さんが払うからそれは別にいいけど、わかってるのか？　あれは借金だから、卒業後は返済しないといけないんだぞ」

慶太「大人はみんなそう言うよね。でも、オレにとっては借金じゃなくて『自己投資』なんだよ。オレは自分の価値を高めるために進学するんだ。それに、いま自分のお金を使って進学するのと、それを後払いにするのは、どっちも同じ額の出費でしょ？」

パパ「まあそうだな。**『お金で時間とチャンスを買う』**とも言う。お金が貯まるまで待っていたら、時間も機会も後ろ倒しになるだけだからな」

慶太「後ろ倒し？」

パパ「たとえば、弁護士になりたいから専門学校に行くとする。でも、その費用を貯めるのに２年かかるとする。でも、借金してすぐ学校に行けば、理論上は合格を２年前倒しにできる。つまり、２年早く弁護士になって稼ぐことができる。借金を嫌がって２年待てば、弁護士として活躍できる期間が２年短くなるわけだ。だから、借金とはお金で時間とチャンスを買うということになる」

慶太「つまり、父さんがいつも言ってる『良い借金と悪い借金』で考えれば、自己投資のための借金は良い借金でしょ？」

パパ「そうだね。**自分の可能性を広げて自分にチャンスをもたらすための借金は良い借金、自分の欲望を満たすためだけにする借金が悪い借金**だからね。たとえば、パパはお金を借りて不動産を買い、それを人に貸して家賃を受け取っている。借金の返済額より多くのお金が手元に残るから、ウチの家計が潤うことにひと役買っている。これも良い借金だ。
ほかにも、車は現金ではなく、ローンを組んで買っている。これはローンの金利3.5％よりももっと高い利率で運用できるからなんだ。5％の利回りが取れるなら、現金は車ではなく運用に回したほうがトクだろう？」

慶太「へえ～。奨学金以外にも、いろいろお金の使い方があるんだね」

パパ「そういえば最近、奨学金を借りて進学したものの、就職できなかったり、派遣社員になって契約を切られたりして、返済に行き詰まっているというニュースを目にすることが増えたな」

慶太「それは本人の学生生活がヌルかっただけじゃないの？
奨学金は自己投資って言ったけど、投資である以上は、回収しなくちゃいけない。でも、回収のためには、ただ講義をマジメに聞いてるだけじゃダメだと思うんだ。前に東大の入学式の祝辞で、『だれかが作った理論をなぞるのではなく、自ら新しい理論を創造するのが学問だ』って話を聞いたことがあって、そうだよなあって思ったんだ」

パパ「へえ、なかなかよくわかってるじゃないか。受け身からは何も新しい価値は生まれない。むしろ、**『教科書が存在しない分野で教科書を自分で創る』って姿勢が必要**なんだと思う。だから、高校までみたいに『教えてもらおう』って発想だと能力は進化しないし、まともなところに就職するのも難しいだろうね」

慶太「そういえばこないだ、大学がつまらないって、部活の先輩が言ってたっけ」

パパ「大学教授は研究がメインで、教育には力を入れてない人も少なくないし。父さんの狭い経験で言うけど、大教室での講義なんて意味ないと思うよ。あんなの、だれかに録画してもらって倍速で聞いたほうが効率的じゃないかな」

慶太「オレも、予備校の講義動画はそれで繰り返し見てるよ。てか、みんなやってる。いまの受験勉強としてはあたりまえのやり方だよ……」

パパ「そ、そうでしたか……時代遅れでスミマセン……」

「受験するかどうか」より「自分で決めるかどうか」が大事

ママ「ねえパパ、ママ友がね、娘さんが中学受験をするから、毎日塾に送迎してるらしいのよ」

パパ「てことは、いま小学生ってことだよな。大変だねえ……」

ママ「ウチはしなかったわね。高校受験がなければ、どっしり腰を据えて勉強できるっていうけど」

パパ「中学受験は適性があるからね。本人が希望するならともかく、そうでないなら、小学生のうちはのびのび過ごしたほうがいいと思って。それに、高校受験は高校受験で意味があると思ってる」

ママ「意味？　どういうこと？」

パパ「中学受験はどちらかというと親主導だけど、高校受験は本人主導だろ？　この『自分で決める』ことが重要だと思うんだ。その判断の結果を検証して根拠を振り返る習慣が身につくからね。親から『これにしておきなさい』と言われて判断する機会を奪われれば、自分で考える必要もなく、『は～い』と従うしかない。でも、自分で決めていいとなれば、自分が最も満足するほうを選ぶ。そして、その結果がかんばしくなかったら、後悔するだろう？」

ママ「子どもなりに、ね」

パパ「自分の判断の過ちを反省し、次に活かそうとする。
『何でこっちにしてしまったんだろう？』
「何がいけなかったんだろう？』
『次回はどうすればいいだろう？』
ってね。責任を果たそうとするかもしれない。
『自分で決めたことだから最後までやり抜こう』
『自分で決めたことだからもう少しがんばろう』
『自分で決めたことだから弱音を吐いてはいられない』
って。その結果が望ましくなくても、『自分で決めたことだから』と受け入れるしかない。そういう**自己決定は『納得感』になって、自己責任意識につながる**と思うんだ」

ママ「たしかに、他人に決めてもらったものは、自分で決めたわけじゃないから、振り返る必要がないわね」

パパ「自分で決めてないと、判断の根拠もわからないから、反省のしようもない。だから、次に活かせない。仮にその結果が不満だったとしたら、自分のせいではなく、それを決めた他人のせいだ」

ママ「親が悪い、先生が悪い、上司が悪い、会社が悪い、政府が悪い、社会が悪い、ってことになってしまうってわけね」

パパ「でも、自分で決めるからこそ、どうすれば最も満足度が高くなるか、有利になるか、不利を避けられるかを考える。自分の判断を振り返り、次の判断の精度を上げようとする」

ママ「その思考習慣が何十年も続けば、ものすごく大きな差になりそうね」

パパ「起業家や経営者は毎日が判断の連続だから、判断の精度は上がっていく。一方、上が決めた仕事をやるだけで、日常的に判断する頻度が少ない一般従業員との差はさらに開いていくんだ」

ママ「だから、パパは子どもたちにいつも『自分で決めろ』って言ってるのね」

4章

誘惑や
リスクに
立ち向かう

宣伝文句にだまされるな

和泉「買いたいものがいっぱい！　もっとお金が欲しい！」

慶太「おまえ、『限定』とか『激安』とかあるとすぐ欲しくなるよな。それでずいぶん無駄遣いしてきただろ？」

和泉「だって、欲しいものは欲しいんだもん！」

慶太「でもそれって、大人の手のひらで踊らされてるってことじゃんか。商品もサービスも、全部大人が考えて、大人が売ってるだろ？　大人の思惑にまんまとはまってるってことだよ」

和泉「なにそれ？　どういうこと？」

慶太「父さんの受け売りだけど、企業活動とは会社が儲けるためのもので、企業は常にどうすれば客に財布を開いてもらえるかを一生懸命考えてるって。頭がいい人たちが必死で考えた商品やサービスだから、オレたちも**よくよく考えて買い物をしないと、かんたんにカモられる**。化粧品だって洋服だってそうだろ？　芸能人がテレビCMとかに出てるけど、あの人たち絶対使ってないぞ。単なるイメージだけだと思うよ」

パパ「企業は儲けるのが宿命だからね」

慶太「記憶力が良くなるサプリとか、成績が上がる速読術とか宣伝してるけど、そんなうまい話ありえないよね。予備校だって、それぞれの学校がうたってる合格率を足すと100％を超えるんだから、盛ってる数字だってすぐわかるよ」

パパ「コラーゲン配合ドリンクとかもそうだよね」

ママ「えっ、コラーゲンって効果ないの？　コラーゲン配合の美肌サプリ飲んでるんだけど」

パパ「いやそういうわけじゃない。美肌になるかどうかわからないってこと。慶太はわかるか？」

慶太「コラーゲンはタンパク質の一種だよね。学校で習ったけど、タンパク質は分解されていったんすべてアミノ酸になるから、全部混ざっちゃうわけだよね？　だから、摂取したコラーゲンが再びコラーゲンとなって皮膚になるかはわからないってことでは？」

パパ「ご名答。そのコラーゲンがアミノ酸となって再び合成されるとき、筋肉になるかもしれないし、脂肪になるかもしれないし、顔の皮膚じゃなくて手足や胴体の皮膚になるかもしれない。たしかにタンパク質は身体をつくる必須栄養素だから意味のあることだけれど、コラーゲン配合サプリを飲んだからといって肌がスベスベ・ツヤツヤになるかどうかはわからないってこと」

慶太「髪の毛を食べたら髪の毛が生えるわけじゃないのと同

じだね」

ママ「うまい話はないってことね」

慶太「スマホの料金プランを思い出したよ。昔は複雑でわかりにくかったから、結局店員のおススメどおりに契約しちゃうってやつ」

ママ「アハ！　ママだ」

パパ「**考えない人はカモられる**、ってことだね……」

うまい儲け話には「なぜそんな話をしてくるのか」「自分が儲けるにはどうするか」を考える

ママ「ママ友から儲かる話を聞いたんだけど、出資した金額の５％が配当として毎月もらえるんだって。毎月よ、毎月！　それでまた別の友達を誘ってその人が出資すると、ボーナスがもらえるんだって」

慶太「それ、絶対詐欺だよ！」

パパ「まったくだよ……。まあ詐欺かネズミ講かはわからないけど、手を出しちゃいけない類いの１つだよ。そもそも何でママに？　そんなに仲がいい人？」

ママ「そうでもないけど……」

パパ「**本当に儲かるなら、自分だけでやるか、身内を誘うよ。**わざわざ他人に教えるようなことはしないだろ。そういうのは、その会や組織の代表者になったつもりで考えるんだ」

ママ「どういうこと？」

パパ「かつて近未来通信という会社があって、『利回り40%』という高利回りを謳っていたことがあったんだ。そのとき知人から、それに投資しても大丈夫だろうかと相談があって、こう答えたんだよ」

くわしいことはよくわかりませんが、もし私がその会社の社長なら、銀行からお金を借りて自分で投資しますけどね。銀行借り入れのほうが金利は低いわけで、確実に儲かりますからね。あえて資金を集めて顧客管理もして、さらに40%もの配当を出すなんて、バカバカしいじゃないですか。
なぜ、わざわざ他人様に情報開示や説明義務を負って、高配当を分配して、配当の振り込み手続きをする、なんて手間をかける必要があるんでしょうか。銀行から借りれば利益でウハウハなのに。

パパ「その後、その人が投資したかはどうかわからないけど、ほどなく近未来通信は破綻したんだよ」

ママ「破綻……」

パパ「ほかにも、大手証券会社から利回り17%の外債投資の営業を受けているって相談があったとき、こんなふうに答えたんだ」

大手証券会社なら、金利1%以下で借入ができるでしょう。それなら、差し引き17%－1%＝16%も利回りがとれるので、銀行から1億を借りて投資すれば、年間1,600万円の利益。10年運用すれば、1億6000万。そうなってから元本を返しても、元本以上の利益が手元に残ります。わざわざ投資家を募らなくても、それだけで会社を運営できるじゃないですか。

でも、私がその証券会社の社長ならやりません。なぜなら、利回り17%がずっと続くわけではないと思うからです。いまはたしかに17%かもしれませんが、利下げがあるかもしれません。為替変動リスクや債券価格下落リスクを考えると、むしろ17%じゃ低いと思いますよ。
それなら販売に徹して、手数料をいただいておしまい、というビジネスモデルのほうが安心だと考えます。

パパ「その後、その人が投資したかどうかはわからないけど、たとえばトルコリラ債なんてすごいよ。2015年初頭には1トルコリラ46円前後だったけど、2018年には一時6円台まで暴落したんだ。3年で価値が7分の1になれば、どんなに高利回りでも追いつかないよね」

ママ「ひえぇ、おそろしー！」

パパ「営業活動も同じだよね。パパは不動産投資の仕事をしてるからわかるけど、本当に優良物件なら、既存顧客にメールを送るだけですぐに売れてしまうんだ。わざわざインターネットに掲載したり、電話をかけたりDMを送ったりってセールス活動はまったくいらない。つまりそれらは結局、『**営業しなければ売れない程度の商品**』であることが多いわけなんだ」

ママ「なるほどね……」

パパ「いずれにせよ、うまい儲け話があったら、まず『**この人はなぜ、自分にこんなセールスをするのだろう？』『自分がその会社の社長なら、どうやるのが最も儲かるだろうか？』を想像してみる**ことだよ」

相場を理解せずに買ってはいけない

ママ「ねえパパ、今日リフォーム会社の人が来て、無料でマイホーム診断をやってくれるっていうからやってもらったら、壁がひび割れていたんだって。『今日契約すれば３割引きにしますよ』っていうから契約しちゃった」

パパ「ええ？！　そういうの相談してからにしてよ……。どれどれ、その契約書見せて」

ママ「これ」

パパ「あ〜、これぼったくり業者だよ。そもそもの値段が高過ぎて、値引きして安く見せかけているだけで、それでも高い。唯一無二の価値があるものならともかく、高額な商品・サービスは、複数の業者から同じ条件で見積もりを取る**『相見積もり』をとって比較し、必要に応じて価格交渉をする**のが基本だ。それに、リフォームなんて定価はあってないようなものだし」

ママ「ええ〜！　でも、安いかなって……」

パパ「リフォームの費用の相場なんて知らないだろ？　情報が少ない段階では即決しないことだよ。『検討してあとで返事する』と、冷静な状態に自分を持っていくことだ。特に対面や電話でセールストークを受けているときは冷静に検討する精神的な余裕がないから、セールスマンはそこを突いて即決を迫ってくるんだよ。
『いま決めてくれたらコレをサービスします』
『いま契約してくれたらこれだけ値引きします』
とかね」

ママ「うん、そう言われた」

パパ「むろん即決したほうがいい場合もあるけれど、それは自分が相場感覚を持っていて、『明らかにここで決めたほうがトクだ』と理論的に納得できる場面に限ったほうがいい。基本的に、**訪問でやってくるような業者、電話をかけてくるような業者は、割高だ**と思ってまちがいない。そうやって、高齢者や無知な人を食い物にしてるんだ」

ママ「どうしよう、契約してハンコ押しちゃった……」

パパ「そういう『しまった』『軽い気持ちで契約しちゃった』というミスから救ってくれるのが**クーリング・オフ制度**だ。ふつうは、いったん成立した契約は一方的に解除できないけど、訪問販売や電話勧誘販売などの不意打ち性の高い取引では、消費者が頭を冷やして考えることができるように、契約後一定の期間内であれば、無条件で契約が解除できるって、特定商取引法で制度を設けているんだ。それがクーリング・オフ制度」

ママ「どうすればいいの？」

パパ「訪問販売や電話勧誘販売、キャッチセールスの場合、**契約書面を受け取って8日以内に、相手方に書面で通知すればいい**いんだ。受取記録がわかるように、郵便局から特定記録郵便か簡易書留で出せばいい」

ママ「よかった～」

パパ「ただ、街頭で勧誘されて居酒屋に入ったとか、現金取引で3,000円未満とか、葬儀などの役務の提供とかは、クーリングオフができないからね。**通販にはもともとクーリングオフが適用されない**し。まあ、手紙は僕が出しておくよ」

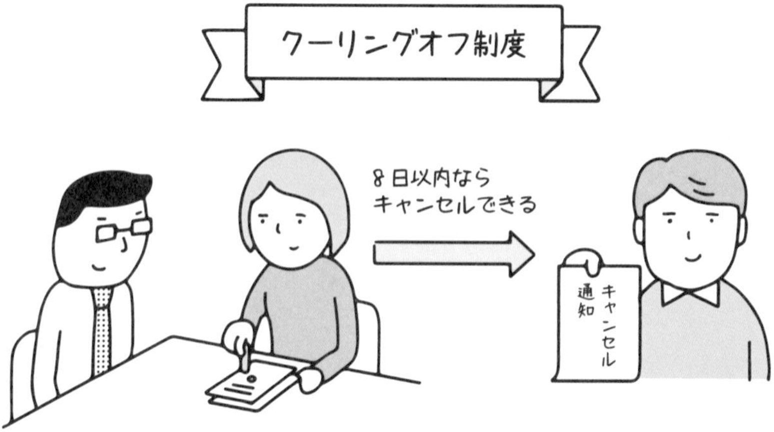

送り付け商法は無視すればいい

ママ「そういえば以前、注文してない商品が送られてきて、代引きを迫られたことがあったわね。あれは通販になるの？」

パパ「いや、あれは送り付け商法といって、注文もしていないのに宅配便で勝手に商品を送り付けて支払わせる、ちょっとした詐欺だよ。『身に覚えがないけど、家族が注文したのかな？』と代引きで支払ってしまったり、『開封したら返品も返金もできないという書面が入っていたから代金を振り込んでしまった』ってケースもあるけど、支払う必要はまったくないんだ。もちろん、開封してもまったく問題ない」

ママ「開封してもいいの？」

パパ「そもそも契約には売り手と買い手の合意が必要だけど、この場合は買い手が合意してないだろう？　つまり、**契約が成立していないということで無効だから、代金を支払う必要はないんだ**」

ママ「送られてきた商品はどうすればいいの？」

パパ「身に覚えのない商品は、かつては14日間の保管が必要だったけど、いまは法律が変わって、**届いてすぐに捨ててしまってもOK**だ。**請求されても無視すればいい**。もし支払ってしまったら、宅配便業者に連絡するか、消費者ホットラインに相談だね」

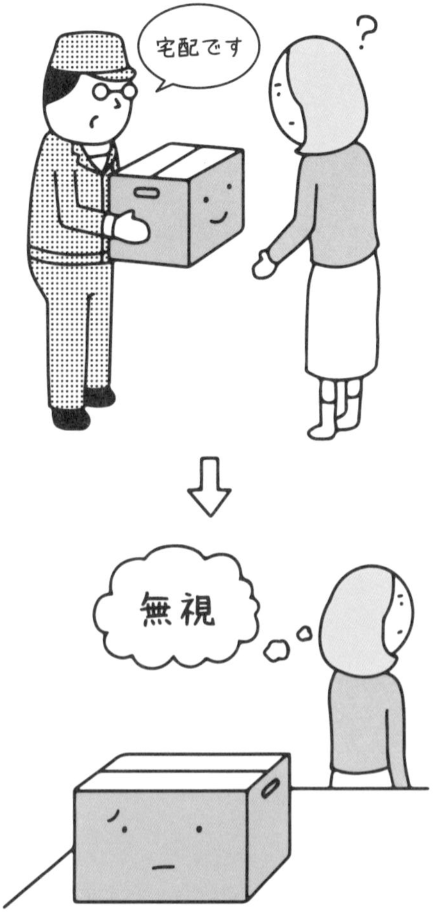

架空請求・フィッシング詐欺から身を守る

慶太「父さん、なんか変なメールが来てるよ！」

パパ「どれどれ……？　ああ、これは**架空請求**だよ。無視していいヤツだ」

慶太「架空請求？」

パパ「たとえば、アダルトサイトなどの閲覧料金や通信費を、利用してもいないのに請求してくるというものだ。かつてはハガキなどで来てたけど、昨今は架空請求メールがほとんどだね。でも、よく読んでみなよ。文面がおかしいだろう？差出人が『債権管理センター』などと実在しない団体だし、具体的にどの費用のことなのかがぼかされていたり、『警告』なんていう一般企業ならまず使わない脅し文句が踊っている」

慶太「そう言われれば、たしかに……」

パパ「本物なら、いずれ**『内容証明郵便』**が届くから、そのときに対応しても問題ないよ」

慶太「でも、ほかにも『アカウント制限』とか『支払い方法が未登録』とか変なメールいっぱい来るよ」

パパ「それは**フィッシング**という犯罪手法で、架空のスパムメールなどに記載されているURLからニセのウェブサイトに誘導し、そこでログイン情報やカード情報を入力させる方法だ。楽天やアマゾンみたいに有名なショッピングサイトだけでなく、銀行や信販などを語って
『カードがロックされている』
『アカウントがロックされている』
『引き落としができない』
『支払い方法の更新』
なんていう警告メッセージを添えてURLが記載されてるから、知らずにクリックして会員情報を乗っ取られたり、カード情報を入力してしてしまう人が被害に遭うんだ。オンラインバンキングのログイン情報を知られて不正送金されるって事案も起きている」

慶太「**クリックしちゃいけない**ヤツだよね」

パパ「うん。これもたいていはメールの件名や中身の文章もヘンなのですぐ気づくけど、迷ったら安易にそのURLをクリックするんじゃなく、発信元企業をグーグルなど検索エンジンで検索してオフィシャルページからマイページにログインなどをしたほうがいいだろう。このひと手間をかけるだけで身を守ることができる。まあ、仮にクリックしてしまっても、ウイルス対策ソフトをインストールしておけば、そのページに飛んだ瞬間にブロックしてくれるよ。だから、このパソコンを買ったときに入れただろう？」

慶太「それで、クリックしたらブロック画面が出てくるんだ

ね」

パパ「クリックしたのかよ……ただ、海外旅行先でクレジットカードを使うときは要注意だね。海外では街角のATMのクレジットカード挿入口にカード情報を読み取る不審な装置が付けられていることがあり、それでカード情報を読み取られて不正に利用されるという『**スキミング**』の被害に遭うことがある。だから、できる限り銀行のATMを使って、カードは肌身離さず、カード券面を他人に見せず、店員など他人には預けないほうがいいだろう」

訴訟にはお金も時間もかかる

慶太「ところで、さっき言ってた『内容証明郵便』って何？」

パパ「それはね、たとえば『あなたはこの代金を払っていませんよね』とか『このお金を返済していませんよね』という債務の存在を相手に確認する書面を郵便で送ることだ。これは裁判で有力な証拠になるから、要するに**『これからおまえを訴えるぞ』という予告通知**みたいなものだな」

慶太「そのあとどうなるの？」

パパ「受け取った側が『おかしい』と思えば送り主に連絡すればいいし、不当なら『そんなのはデタラメだ』と逆にこちらから内容証明郵便を送ることもできる」

慶太「放っておくと、訴えられるってこと？」

パパ「一般的には、相手が裁判所に訴状を提出し、受理されれば裁判が始まる。けど、単なる脅しの場合もあるけどね。訴訟をするには、お金も時間もかかる。仮に裁判で買っても、相手方が賠償金を支払うとは限らない。すると、相手の財産を差し押さえるという手続きが必要になるけど、それもけっこう面倒だ。しかも、相手方にめぼしい財産がなければ差し押さえもできないし、回収もできない。裁判費用だけ足が出て、かえってソンということもありえるからね。さらに、裁判は１年とか２年とか長期にわたるのがザラだし。だから、**本当は訴訟なんて起こしたくない**」

慶太「もしお金を貸した相手が使い込んで財産もなければ、泣き寝入りってこと？」

パパ「まあ、そうなる。60万円未満の金額の小さい案件では、１日で裁判が終わる『**少額訴訟制度**』というのもあるけど、いずれにしても相手に財産がなければ取り返しようがない。ただし、相手が家や車を持っていればそれを差し押さえられるし、勤め先がわかれば給与の一部も差し押さえられるよ」

慶太「オレが授業でやった模擬裁判とはちょっと違う感じだね」

パパ「ああ、あれは裁判員裁判だから、おもに刑事事件だね。こういう『お金を払え』的な案件は、詐欺は別として『**民事事件**』っていうんだよ」

慶太「刑事と民事って、どう違うの？」

パパ「端的に言うと、警察が捜査して相手の身柄を拘束し、身体的な懲罰が与えられるのが刑事。警察は動かないで、お金で解決するのが民事かな」

慶太「そうか、刑事だと警察が強制捜査して逮捕されて、拘留されたり収監されたり自分の自由が奪われるけど、民事は当事者同士が争うもので、最後はお金で解決するだけってことだね。父さんが『**刑法に触れることは絶対するな**』って言ってる意味がわかったよ」

パパ「しかも、刑事で罪状がつけば前科者となり、海外旅行でもビザが下りずに入国できない国もあるからね」

税金のしくみを知る

ニュースを見ながら

パパ「え〜、逮捕とはマジか〜」

慶太「なに？　父さんの知ってる人？」

パパ「昔、お父さんの会社で働いていた人だよ。独立して活躍してたとは聞いてたけど、脱税で逮捕とはね……」

慶太「脱税って、税金をごまかすことだよね」

パパ「そうだ。『申告納税制度』っていうんだけど、**私たちが収入を得たら、1年間の所得を自ら税務署に申告して、所定の税金を払わないといけない**。『確定申告』って、聞いたことあるんじゃないかな。でも、税金を払いたくないからと、所得をごまかして、税金を安くしようという人が出てくる」

慶太「お金を持っていかれるのは嫌だからね……」

パパ「売上を除外したり、架空の経費を計上したりして、所得を低く見せかけて、税金を少なくするような悪質な行為は『脱税』といって、重い罰になる。ただし、きちんと領収書がある経費で、これは事業に必要だったと言えるかどうか見解の相違で修正するという場合は悪質とは言えないから、違法とはならない」

慶太「オレもバイトしてるから、確定申告しないといけないのかな？」

パパ「アルバイトや会社員など、従業員の場合は雇用主、つまり会社が従業員に代わって税額を計算して税務署に納めるんだ。**源泉徴収制度といって、従業員は自分でやらなくてもいいんだよ**」

慶太「じゃあ、どんな人が自分で申告して納税するの？」

パパ「ざっと挙げると
『自営業者とか不動産所得がある人』
『副業の収入が年間20万円以上ある人』
『年度の途中で会社を辞めた人』
『従業員でも年収2,000万円以上ある人』
とかだね。慶太もアプリの開発販売をしてるから副業ということになるけど、売上が年間20万円もないから、確定申告の必要はないんだ」

慶太「従業員って、ラクだね」

パパ「**ラクゆえに、税金の知識が身につかない**っていう弊害もあるけどね。慶太も、大学では本格的に起業するんだろう？　自分でやる場合は確定申告が必要だし、法人でやるなら法人の決算申告が必要になる」

慶太「個人と法人って、どう違うの？」

パパ「個人でやると、収入に課税される所得税は累進課税といって、所得が多くなればなるほど税率が高くなって、納税額も増える。最高で45％だから、10％の住民税を足すと55％となって、**稼いだお金の半分以上を税金で持っていかれる**ことになるね。そこに、さらに社会保険料（健康保険料、年金保険料、40歳を過ぎれば介護保険料）も引かれるから、すごい額になる」

慶太「ええ、そんなに持ってかれちゃうんだ……！」

パパ「それに対して法人では、資本金の額などにもよるけど、法人所得税・法人住民税・事業税など合わせて、実効税率としては30％〜35％。さらに、経費に算入できる範囲も広がるので、**儲かってくれば法人のほうが税金は少なく済む**」

慶太「むむ……オレにはちょっと難しいかな」

パパ「こればっかりは、経験してみないとね。でも、学校ではこんなことは教わらないだろ。だから、たとえば水商売とか現金商売をしている人の中には、知らないで確定申告をしていなかったり、知っていてもあえてやらない人もいるようだよ」

慶太「何もしなければバレないってこと？　その場合はどうなるの？」

パパ「バレない人もいるだろうけど、**バレたらさかのぼって課税される**よ。本当に知らなかっただけなら追徴税と加算税と延滞金だけで済むけど、これも**税務署に悪質と判断されたら『重加算税』を払わないといけなかったり、場合によっては逮捕収監されることもある**」

慶太「税金は国家運営や行政サービスの提供、所得の再分配、ってというのは学校で習ったけど、実際にどうやって納めるかは教わらないもんね」

パパ「だから、法律の知識は重要なんだ。さっきは税金の話だったけど、たとえば殴られたからといって殴り返したら傷害罪になるんだ。よく「正当防衛」って言葉を聞くと思うけど、**日本で正当防衛が認められることはほとんどない**。いずれにしても、『ゴメンね』で済まない違法なことをしてはいけないんだよ」

売り言葉に買い言葉が一番ソン

慶太「（あれ、あそこにいるのは咲良じゃ……一緒にいる3人は他校の制服だよな……ん？　もしかして絡まれてる？）」

――― 慶太が咲良に近づくと…… ―――

慶太「こんなところで何してるの？」

咲良「あっ、慶太！」

不良A「なんだ、テメーは？　邪魔すんじゃねーぞ！」

慶太「（やっぱり……でもケンカはマズいよな）困ってるみたいなので、放してもらえませんか？」

不良B「なに？　生意気なヤツだな！　おまえ、やる気か？」

不良C「ボコボコにしてやるぜ！」

慶太「（こりゃ参ったな……そうだ！）まあまあ……上を見てくださいよ。あれがなんだかわかりますか？」

不良B「おい、あれ監視カメラだぞ！」

不良C「マズいんじゃないか……」

慶太「(ここは強気に行くか) あんたたちが暴力を振るえば、オレたちは警察に被害届を出す。この映像でバッチリ、言い訳はできない。知ってるか？　成人年齢の引き下げに伴って、少年法が改正されたことを。18歳と19歳は『特定少年』として、起訴されれば実刑となり、名前や学校名が公表される。そうなったら、あんたらは退学、親の会社にも兄弟姉妹にもバレて、一家崩壊だ。それでもいいっていうなら、やればいいさ」

不良C「なあ、そんなことになったら割に合わないよ……。もう行こうぜ！」

不良たちが逃げていった後

咲良「ありがとう、助かったわ。それにしても、よくあんなこと知っていたわね」

慶太「ああ、あれは正確じゃなく、ちょっとしたブラフなんだ。少年法改正って言っても、高校生のちょっとした小競り合いぐらいじゃ、起訴も実名公開も難しいらしい。もっと凶悪な犯罪が成人と同等の罪に問われるんだって」

咲良「そうなんだ。それにしても冷静だったわね」

慶太「売り言葉に買い言葉って、一番ソンでだからね。未成年でも、刑法に触れるようなことをするとどうなるかも教わってたし。まあ、そもそも3対1だと分が悪いし」

もし高校生で妊娠したら、稼ぎはないし出産なんて無理？

和泉「ママー！　今日の保健体育は、なんと性教育だったの！　ドキドキしたー！」

ママ「あら〜、どんな内容だったの？」

和泉「去年は月経と射精、受精と妊娠、今日は性衝動、異性との関わり方とか。異性と性的接触はしないように、って言われたわ。性的接触って何？」

ママ「え……パパ、交代！」

パパ「ああ、そうか。学校の性教育って『性交』という言葉を使わないんだっけ。ただまあ、性教育って、性交だけではなく、避妊とか感染症の予防とか、もっと広いものだけどね」

慶太「高校では避妊とか中絶可能期間とか教わったけどね。結局、責任を取れない未成年は性的な行為をしてはいけない、ってことで終わったっけ」

ママ「ちょっとあんたたち、よくそんな堂々とその話ができるわね……」

パパ「和泉の年齢だと、犯罪になるかな。18歳未満と成人も、ほぼ条例違反になる。18歳未満同士の性行為は違法ではないがな。まあ、正確な妊娠のメカニズムや避妊方法を知っておくことは重要だ。それはまた別の日に譲るとして、もし10代で妊娠したらどういうことが起こると思う？」

慶太「学校をやめなきゃいけなくなる？　いろいろウワサされそうだしなあ……」

和泉「それはヤダ！」

パパ「まあ、そうとは限らない。たしかに、女性の場合は少なくとも出産の前後１か月くらいは学校に行けないし（労働も禁止されている）、母乳を与える必要もあるから、学校を休まないといけないかもしれない。でも、生後２か月ぐらいしたら、保育園に預けられるようになる。そうなれば、学校に復帰すること自体はできる。ま、男は関係ないけどね」

ママ「でも、いまどき家事育児をしない男なんてダメよね。それに、急に熱を出してお迎えに行かないといけなくなったり、夜泣きもするし、お風呂に入れたり、離乳食を食べさせたりと、家に帰ってもやることがたくさんあるから、勉強とか娯楽の時間をつくる余裕はないと思うわよ」

慶太「そりゃ大変だ、オレにはとうていムリだ……」

パパ「可能な方法はあるよ。相手と両親がどのくらい協力してくれるかにもよるかな。たとえば、もし慶太が同級生を妊娠させたとする」

慶太「そりゃありえないよ。オレ部活と勉強で忙しいし」

パパ「もしもの場合ね。家での赤ちゃんの世話を両親が手伝ってくれるなら、学業との両立はある程度できると思う。それに、乳幼児のうちは費用のほとんどを児童手当の範囲内で賄えるから、金銭的な負担もそう大きくないし。あとは行政でもいろいろサポートしてくれるから、市役所などに相談に行ってみる価値はある。知らない制度、自分が使える制度とかも紹介してもらえる。こういうのは、**1人で抱え込むんじゃなくて、まわりに相談して頼ればいいんだ**」

慶太「ムリではないんだ」

パパ「大変だけどね。**プライベートでの楽しみはほとんどできなくなると思っていい**。学校では勉強、家では子育てと勉強の両立。いや、勉強なんてできるのか？　心の準備ができていなければ、ストレスで押しつぶされてしまうかもしれない。だから、やっぱり『子どもが欲しい』という心の準備ができてからでないとね」

慶太「オレ、まだまだやりたいことといっぱいあるから、いま子どもできたら困るわ。計画性って大事なんだな」

パパ「計画性がない人も少なくないってこと。そもそも、妊娠がわかったら、最初に人口妊娠中絶するかどうかを選ぶことになる。中絶できるのは法律で妊娠22週未満までと決まっていて、22週を超えた場合は、いかなる理由があっても中絶手術をすることは禁止されている」

和泉「そうなんだ……！」

パパ「中絶費用は10万円～15万円くらいだけど、**日数が経つほど高額になり、20週とかの後期では40万円を超えてくる**。すべて自費だ。だから、早く決断する必要がある」

慶太「まずは、そのお金を払えるかどうかだね。高校生にはしんどいよなあ……」

パパ「出産でも、40万円から50万円かかる。まあ、それは**健康保険で賄える**けど。中絶にはもう1つ、母体にも悪影響を及ぼすことがあり、**生涯子どもを産めない身体になってしまうリスクもある**んだ」

和泉「ひえー、コワい……」

パパ「だから、軽はずみな性行為は良くないんだよ。どんなに好きな相手でも、『いま子どもができたら困る』という場合は避妊をしっかりしないと。その場の雰囲気に流されてとか、最もマズい行動だ。そして、それは男性まかせにしないで、女性自身も自分を守らないといけない。あとは、アフターピルという、妊娠を防ぐ薬もあるから、そういうのは知っておいて損はない」

慶太「でも、ときどき中高生の妊娠ってニュースになるよね」

パパ「男女ともに正確な情報を知っていないことも大きいけど、**男性側の軽率で思慮のない行動と、女性側の自分を信じて自分を大事にする意識の低さにもよる**かもしれない。男性側は『ちょっとぐらい大丈夫だろ』と考え、女性側も『嫌われたくないから』みたいなね」

和泉「えー、それって女性を大事にしていないってことじゃん！　そういうヤツ、サイテー！」

パパ「まあ、そういうことになる。男が問題なのはまちがいないけど、女性の側も相手はよくよく考えて選ばないと」

和泉「アタシは大丈夫よ。そこそこモテるから、選び放題だし」

慶太「ホントかよ？　そもそも、どういう基準で選ぶんだ？」

和泉「やっぱ、かっこよくて、スポーツ万能で、成績も良くて、優しくて、思いやりのある人！」

慶太「そんなの、おまえじゃスルーされるだろ？」

和泉「志は高く、よ！」

慶太「そんなこと言ってたら、結婚なんてずっとできないぞ」

和泉「なによー！　プン！」

トラブルに備えて保険をかける

慶太「父さん、和泉が事故に遭ったって？!」

パパ「ああ、でもすり傷程度の軽傷だ。帰宅途中に自転車同士でぶつかったらしい」

慶太「なんだ、ママからメールがあってびっくりしたよ……」

パパ「うん、それにどちらも被害者でどちらも加害者、しかも軽傷で済んだから、トラブルにならずに済んでよかったよ」

慶太「加害者になっても被害者になっても、怖いよね……」

パパ「そういう事態に備えて、ウチは**個人責任賠償保険**に入ってるんだ」

慶太「なにそれ？」

パパ「家族が他人に損害を与えたときに、保険金が下りるというものなんだ。たとえば、止まっている車にぶつかって傷をつけたとか、飼い犬が他人を噛んでケガさせたとか、今回みたいに自転車でぶつかって相手にケガをさせたとかいう場合にね」

慶太「へえ、そんな保険があるんだ。オレも入ってるの？」

パパ「生活を一緒にしている家族は、自動的に対象になる。自分が被害者であれば、相手が無保険でも、公的保険でケガの治療はできる。それが高額になっても、**高額医療費助成制度**があるから、そこまで問題にはならないけど、加害者になったら大変だからね」

慶太「車も保険に入ってるんだよね。去年の台風で車が水に浸かって壊れたときも、保険で買い替えたんだよね」

パパ「ああ、あれは参ったよな。出張中だったから、どうにもできなかった。まあ、家に浸水しないだけよかったよ。**自動車保険は対人・対物にも入ってる**から、自分が事故を起こした時にも逆に事故に巻き込まれたときも適用されるんだ」

慶太「ほかにどういう保険に入ってるの？」

パパ「この家は火災保険に入ってる。まあ、家は借りても買っても火災保険には入っておかないとね。個人責任賠償保険とか、自動車保険とか、火災保険とか、そういうのを総称して『**損害保険**』っていうんだ。万が一の時、自分の経済力では補償しきれない恐れがある場合に加入するんだ。特に自分が加害者になったとき、損害賠償額が1億円を超えるケースもあるからね。それで家計が破綻しないようにする備えだよ」

慶太「生命保険とかも？」

パパ「ウチは、父さんかママのどちらかが死んだとしても、両方働いているから、家族が路頭に迷うことはない。仮に両方死んだとしても、自宅と賃貸用不動産があるから、慶太と和泉は生活ができる。だから、最小限だけ加入しているんだよ。父さんの保険金はママが受けとり、ママの保険金はおまえたちが受け取ることになってる。父さんのほうが年上だから、早く死ぬかもしれないからね」

ママ「何よそれ、縁起でもない」

パパ「**縁起に関係なく、リスクの可能性は想定しておかないと**ね。縁起が悪いからといって、現実逃避しないようにしないと」

慶太「それは、オレも入ってるの？」

パパ「慶太や和泉が死んでも、だれも困らないだろ？　いや本当は困るんだけど、お金の面では困らない、って意味でね」

慶太「いずれは僕も入らなきゃいけないのかな？」

パパ「独身の間は必要ないし、結婚しても共働きだったらいらないな。死んでも経済的に困る人はいないからね。必要になるとしたら、子どもが生まれて、配偶者が専業主婦になったようなケースだ。稼ぎ手が自分１人で、もし自分が死んだら家族が生活できなくなるからね」

慶太「そうか、子どもが生まれたばかりで、その子が成人するまでの生活費とか教育費を考えると、数千万円は必要そうだもんな……」

パパ「年間300万円必要だとすると、20年間で６千万必要ということになるかな。でも、マイホームをローンで買ったら、そこまで必要はない」

慶太「どうして？」

パパ「ふつうは、家をローンを組んで買うとき、『**団体信用生命保険**』という保険に加入する。これは、もし借り手が死んだり高度障害になったりしたら、保険会社が残ったローンを代わりに全部払ってくれるというものだ。すると、残された家族はローンの返済がなくなるし、家がそのまま手に入るから、それも生命保険の一部といえる。だから、生命保険自体はそこまで高額なものに加入しなくていいかな」

慶太「そうなんだ。でも、万一のことを考えると、やっぱり心配になるけど……」

パパ「人はめったに死なないんだよ」

慶太「え、毎日こんなにいろんな事件や事故が報道されているのに？」

パパ「保険金に対する保険料は、アクチュアリーという専門家が確率計算をしてはじき出す仕組みになっていて、**保険会社が絶対にソンしないように設計されている**。それでこの保険会社のホームページで掛け捨ての保険料が計算できるんだけど、慶太で入力してみな」

慶太「オレが18歳で加入したとして、20年間で6,000万円もらえる保険料は……月々4,348円か」

パパ「20年間トータルの払い込み金額は104万円なのに、そこに至る前に死んだら6,000万円ももらえるって、すごくない？　つまり、確率統計上は、人はそうそう死なないってことだよ」

慶太「そうか、だからテレビCMもよくやってるのか。よく見かけるアヒルとか」

パパ「そう。医療保険も同様に、保険会社が絶対に儲かるようになってる。あくまで確率や統計ではだけど、やはりそうかんたんにガンにはならないし、入院もしないということだね。だから、ウチは**『何かあれば貯蓄で賄えばいい』**という判断だ。保険の場合は保険金が下りる条件があって、場合によっては出ないこともあったり制約があるけど、自分の現預金は何にでもマルチに使えるからね」

慶太「自分が負担できる金額なら、現預金が一番便利なんだね」

保証人になることは他人の借金を肩代わりするということ

電話をしながら

慶太「はい、オレ。うん、いま大丈夫だけど。どうした？えっ、引っ越し？！　なんで？　……うん、もちろんだれにも言わないけど。……そうなんだ。オレたちには難しい話だけど、それはどうしようもないか。学校は？　……そっか、それはよかった。転校するのかと思ったよ。でも、言ってくれてありがとう。うん、それじゃまた明日」

電話が終わって

パパ「何かあった？」

慶太「うん、親友の海斗が引っ越しするんだって。高校は変わらず通えるらしいけど、家を売ることになって、引っ越しするらしい」

パパ「そうか、いろいろ大変なんだな」

慶太「父さん、保証人って知ってる？」

パパ「知ってるけど、どうかしたの？」

慶太「海斗の父親が、親戚の保証人になってたんだって。でも、その親戚が事業に失敗して破産して、その返済のために家を売らないといけなくなったらしいんだ」

パパ「親戚の頼みだから、断り切れなかったんだろうね。でも、保証人なんて、よくそんな恐ろしいことするよなあ」

慶太「そんなに恐ろしいことなの？」

パパ「保証人には、大きく分けて保証人と連帯保証人の２つがあるんだ。まあ、どちらもひと言で言えば**他人の借金を肩代わりすることと同じ意味**なんだよ。前者は、本人に請求してその財産を差し押さえても返済しきれない場合に、保証人に返済の義務が生じる。一方、本人の返済が滞れば、有無を言わさず代わりに返済する義務があるのが連帯保証人だ。厳密には連帯保証人のほうが責任は重いのだけれど、背負うリスクはほぼ同じだね。
だから、たとえば『ちょっと保証人になってくれないか』と他人から頼まれて保証人になったら、そのお金を自分が借金するのと同じということ。それって怖いだろ？　だってその人がきちんと返済できるかなんてわかりっこないのに」

慶太「そっかあ。でも、友人や世話になっている先輩とかが困ってて、自分に頼ってくれたら、助けてあげたいけどなあ」

パパ「ふむ。ちょっと考えてみよう。そもそもなぜその人は、他人である慶太に保証人になってくれと頼むんだと思う？」

慶太「うーん、自分にお金がないから？」

パパ「借入金額に応じた収入がある人なら、保証人は不要で金融機関からお金を借りることができる。もしくは、たとえば不動産を所有していれば（抵当権が付いていなければ）、その不動産を担保にしてお金を借りられる。あ、担保っていうのは、金銭的価値のあるモノを質屋に入れてお金を借りるみたいなイメージだね」

慶太「うん、それはわかる」

パパ「逆に、お金を貸す側から見ると、その人の所得水準では返済能力に不安があって、かつ担保となる財産がない（もしくは足りない）から、保証人を立ててくれというわけだ。つまり、**金融機関から不安視されている状態の人**ってわけだ。そもそも、この段階でハイリスクだと思わない？」

慶太「たしかに」

パパ「そして、その人が返済できなければ、慶太が代わりに返済しなければならない。保証人は連帯保証人とは違って『本人の財産をすべて差し押さえてからだ』とは主張できるものの、その財産がなければどうしようもない。なので、相当注意しなければならないことがわかるだろう？
だから、父さんは原則として保証人は引き受けないことにしている。慶太も、もし引き受けるなら、その**借金ごと自分が責任を持つ覚悟が必要**ってことになるね」

お金を貸さないのは相手への思いやり

慶太「でもね、親友とかよくしてもらってる先輩とかが困っていたら、それって人助けになるんじゃない？　『恩知らず』とか『友達思いじゃない』とか言われたらイヤだし」

パパ「まあ、保証人にはならなくても、友人や先輩後輩など、個人間でお金の貸し借りをすることはあるかもね。ただ、数百円とか数千円とかならともかく、数万円以上の金額になると、よくよく考える必要があるんじゃないか？」

慶太「どういうこと？」

パパ「慶太は、これから運転免許を取ってクルマを買おうとしたとき、『お金が足りないから』って友達から借りるかい？」

慶太「そんなことしないよ。分割払いで買うとか、お金を貯めて安い中古車を買うんじゃないかな」

パパ「どうしてだい？」

慶太「えっ？　だって、友達にそんな負担をかけさせられないよ」

パパ「だよね。そもそも**まともな経済感覚を持った人であれば、他人からお金を借りない**。借りるなら、銀行とか金融機関で借りる、それが無理な場合は自分の親兄弟とか家族に借りるよね。そしてそれすらできないから、赤の他人を頼るわけだ。金融機関からもそっぽを向かれ、本人の家族からもそっぽを向かれているような人間であるってことになるんじゃないか？」

慶太「そりゃまた手厳しいね……」

パパ「それに慶太が言うとおり、相手のことを本当に大切な友人だと思っていれば、その人からお金を借りないだろう？大切な人だからこそ負担をかけさせたくない、って考えるわけ。逆に『貸してくれ』って言われたら、大切だと思われていないってことじゃない？」

慶太「そう言われればそうかも……」

パパ「それに、**お金でトラブルが起こると人間関係の修復はほぼ不可能**。今後も関係を維持したい相手とは、そういうリスクを避けたいから、お金は借りない。さらに、貸したほうは自分のお金が減っているからよく覚えているけれど、**借りたほうはその痛みがないから忘れやすく**、結果として返済が遅れたり忘れたりする。そして人から安易にお金を借りると、『自分で何とか解決しよう』とか『もっと計画的にお金を使おう』って意志や創意工夫がなくなるんだ」

慶太「たしか、本なんかも貸したら返さない人っているよな……」

パパ「そんな人に関わる価値があるのかどうか。それでも貸したいのか。つまり、戻ってこないとして、お金をあげたいような人なのか。それをよくよく考える必要があるってことだね」

慶太「ってことは、**友人知人にお金を貸さないことは、むしろ本人のためであり、思いやり**と言えるのかもなあ」

パパ「なかなか深いこと言うね」

5章

働くこと、稼ぐことの意味を捉え直す

「汗水流して働くことが価値がある」は本当か？

和泉「パパはしょっちゅう家にいるけど、会社には行かなくていいの？」

パパ「月に１回くらいは行ってるよ。あとはメールとオンラインミーティングでなんとかなるからね」

和泉「ええー、友達のお父さんはみな会社に行ってるよ。帰りが深夜になる人もいるって」

パパ「一般的なサラリーマンはそうかもね。まあ、パパは何年もかけてそういう仕組みを作ってきたから」

和泉「でも、お金は苦労して稼ぐものじゃないの？　儲かっている人は、ズルや詐欺をしてるんじゃないの？」

パパ「それは世界が狭い人の嫉妬だよ。たとえば、お金を銀行に預ければ利息が付くけど、そこに労働は必要ない。株や債券を買えば、やはり働かなくても配当や利息がもらえる。不動産を買って人に貸せば、家賃収入が入る。駅や道端に置いてある自動販売機には所有者がいるけど、飲料を売っているのは自販機という機械であって、本人ではない。だから、**苦労はお金を稼ぐための必須の条件じゃなく**、苦労して稼ぐ人もいれば、ラクして稼ぐ人もいるってだけのことだ」

和泉「でも、それっていいことなの？」

パパ「良い悪いでは判断できないけど、いまのパパの働き方は自分では満足できると思っているよ。こうして和泉ともいろいろ話ができるのは、パパが忙しくしてないからだろう？」

和泉「まあねえ」

パパ「それに、和泉も電子書店でコミックを買うと思うけど、代金は電子コミックを売っている会社と漫画家に収入が入るようになっている。漫画家にとって、これは不労所得でありがたいものだ。でも、これはユーザーにもメリットがあって、書店に行かなくてもすぐダウンロードして読めるし、持ち歩きもかさばらず便利だよね。どちらにもメリットがあるならやらない理由はないし、むしろそのほうが価値があると思うよ」

和泉「そっかー、そう考えたことはなかったな。でも、学校の先生も『汗水たらして働くことに価値がある』って言ってたよ」

パパ「まあ、不労所得をよくないと思っている人もいるだろうし、その人の考え方だから別に自由なんじゃないかな。でも、それは他人に押し付けるようなものではないよ。それに、汗水たらして働くといっても、実際に**『体に汗をかく』働き方と、『脳みそに汗をかく』働き方の両方がある**。どちらも価値があるとは思うけれど、パパの場合は後者を好んでるだけのことだ」

お金があったら働かない？

和泉「ねえパパ、『和泉のウチはお金持ちなのに、なんで両親はまだ働いているの？』ってクラスのコに聞かれたんだ。ママなんてガツガツ働いてるじゃない」

パパ「だって、仕事なかったらやることないじゃん？　旅行とか映画とかゴルフとか釣りとか、毎日やってられないし、飽きるよ。やっぱ報酬もらって好きなことをやるほうが、緊張感や醍醐味がある。だから、世の中から必要とされているうちは仕事しようかなっていう感じ」

和泉「じゃあ、なんでみんな『お金があったら働かないでしょ』って言うのかな？」

パパ「イヤイヤ働いている人が多いってことじゃないかな。生活費を稼ぐために仕方なく仕事してる、やりたくもない仕事をしてる、みたいな」

和泉「でも、働くってそういうものなんじゃないの？」

パパ「パパは、**自分の才能や能力を発揮して顧客や世の中の役に立ち、それで対価をいただく、というのが働くこと**だと思ってる。だからイヤとか思ったことないし、辞めたいと思ったこともない」

慶太「オレ、それ少しわかるな。オレがバイトしてるワクドナルドだと、職場への貢献度で評価されて、バイトリーダーになったり時給が上がったり、人によっては社員に誘われたりする。それって誇らしいことだよなって」

パパ「うん、そういう達成感とか充足感とか認められるってことも大事だな」

和泉「多くの人は達成感とか充足感を感じられてないってこと？」

パパ「おそらくだけど、自分の能力や才能を磨いていないか、自分の適性や資質をしっかり認識して、それにマッチした仕事選びをしていないんじゃないかな」

和泉「それってどういうこと？」

パパ「**多くの人は、社会人になると、勉強や努力をやめてしまう。**『仕事とプライベートを区別したい』とかいう人だね。仕事には慣れても能力が向上しないから、昇進できないし、賃金が上がらない。末端従業員のままでは、上から振ってきた仕事をやらされるだけだ。やらされ仕事は、基本的におもしろくないからな。だから、受け身じゃなく、自分から仕事を創り出そうとする姿勢が必要となる」

和泉「たしかに、言われてやるのっておもしろくないな……」

パパ「そして、自分が上に行けば、今度は下に指示する立場だから、自由裁量権が増える。これは、仕事のおもしろさにもつながる。だから、常に仕事の実力を高められるような勉強を続けないといけない」

慶太「部活の先輩も言ってたな。『言われてやる練習は、練習とは言わない』って」

パパ「**仕事の選び方もまちがえてる**可能性がある。たとえば、「人が好きだから接客業を選ぶ」という選び方は、あまりに雑過ぎるんだ。人が好きと言っても、人の何が好きなのか、どういう関わりをしたいのかとか、もっとメッシュを細かくして掘り下げて分析する必要がある。すると、人の話を聞くだけじゃなく、解決策を提案するのが好きな人なら、経営コンサルタントやインテリアコーディネーターとか、あるいは精神科医とか心理分析官とか、接客業以外の職業も視野に入るだろう？」

和泉「そんな仕事があるの知らなかった……」

パパ「そうだね、**『知らない』っていう壁も大きい**ね。だから、広く社会のことを知らないとね」

和泉「どうすれば知れるのかな？」

パパ「いろんなジャンルの本をたくさん読むことと、いろんな大人の話を聞く機会を増やすことかな」

慶太「オレは父さんや母さんの仕事関係のパーティーによく連れて行ってもらってるからな。だから、進学にしても事業にしても、だいたいの方向性がつかめたんだと思う」

和泉「じゃあ、あたしもそろそろ社交会デビューね」

慶太「中１じゃまだ早いだろ！」

パパ「そして、自分自身の資質や適性を把握することだ。たとえば、内向的な人は、体育会系の元気いっぱいな雰囲気の職場じゃつらいだろう？　あるいは自分で決めて自由に動きたい人が、規則でがんじがらめになった仕事をするのもつらい。逆に、そういうのが面倒で、でも手際がいい人なら、たとえば手順が決まったお役所系などの仕事が向いている。こういえば理解してもらえるかな？」

慶太「そういえば、野球部なんて上下関係が厳しくて、オレにはムリだな」

パパ「そう、社風とか雰囲気とか、そこで働く人たちの性格の傾向とか、学校でも部活やクラスによって違うように、会社や部署によっても違う。同じ営業の仕事でも、たとえばノルマ優先でゴリゴリに売り込むスタイルとか、予算はざっくりで提案はある程度自由にできる会社もある。だから、**自分の性格にフィットしそうな職場を選ぶ**ことも重要なんだ」

慶太「オレは自由がいいなー。ワクドナルドはほぼ手順が決まってるからな。まあ、気分転換にはなってるけど」

パパ「そんなふうに自分の能力を上げつつ、自分の適性や資質を的確に理解し、自分の能力を発揮できる仕事・会社を選べば、『お金があれば働かない』ってことにはならない。たとえば、孫正義さん、柳井正さん、三木谷浩史さんなんかは、あんなに億万長者なのに、仕事を辞めたりなんてしないだろう？　**お金のあるなしじゃない**んだよ」

和泉「でも、それって共通点があるよね？　パパもママもそうだけど、みんな経営者っていう」

パパ「まあ、そういう側面はたしかにある。すべて自分で決められる。やりたくないことはやめて、やりたいことだけできる。やらされ仕事なんてないからね」

和泉「じゃあ、やっぱり起業かー」

パパ「そんなことないよ。会社員でも、成果を出して認められて『キミの好きにやりなさい』という状態を作れている人はたくさんいる。だから、**何より『信用』を作ること**だね。逆に、信用が得られていない人は自由にさせてもらえない」

慶太「ウチの店の店長も、自由にやってるよ。最近は本部の実験店みたいな立ち位置になって、いろんなこと試してる」

パパ「それに、起業したからといっても、儲かるかどうかは別問題だ。逆に、会社員は会社員でメリットがある。たとえば、会社という器や経営資源があるからこそ大きな仕事ができることがあるし、会社の名前があるからこそ個人では会えない人にも会える。**給料をもらいながら、いろんな実験ができて、能力を高められる**。それって、すごい魅力だよね」

慶太「タダでスマホを充電できたり、トイレットペーパーの節約にもなるしね」

和泉「なに、そのケチくさいレベル！　器の大きな人間になれないわよ」

慶太「いやそれ、前に父さんが言ってたことで……」

パパ「あ、いや、それはものの例えというだけで……」

¥

働きへの評価は自分ではなく他人が決める

バイト先にて

同僚A「慶太のヤツ、すっかり店長のお気に入りだな」

同僚B「今度入った新人でしょ？　でも、アイツ飲み込み早いよ。それに、店長に気に入られてるのは、立て続けに起きたクレームをうまく処理したからだよ。こないだ、ほかのクルーがテイクアウトで入れ忘れてクレームが来たときも、アイツが代わりにすぐ自転車すっ飛ばして謝りに行ったでしょ？　店長に頼んで無料クーポン券も持って行ったから、逆にお礼の電話が来たって」

同僚A「でも、オレのほうが長く店にいる先輩なのに、来て間もない慶太が先に時給が上がるなんておかしいよ。オレだってがんばってるし」

同僚B「そういやアンタ、時給上がってないね（笑）」

家にて

慶太「……ってヒソヒソ話をバイト先で聞いたんだ。なんかムカつくよな」

パパ「ハハハ、よくある嫉妬だね。気にすることはないよ。見る人はちゃんと見てるから」

慶太「でも、長く働いているから時給が上がるとか、関係ないよね」

パパ「そりゃそうだ。こないだも言ったように、**賃金は基本的に組織への貢献度で決まる**。慶太の場合はいまの店舗であり、ワクドナルドという企業だね」

慶太「貢献って、どういうこと？」

パパ「たとえば、お客さんに喜んでもらって顧客満足度が高ければ店の評判が良くなるし、何度も店に来てくれれば売上が上がる。ほかにも、慶太が一生懸命働くことでほかのクルーへの刺激になるとか、ほかのクルーをサポートしたり育てることも、組織への貢献の１つだ」

慶太「それを店長が評価して、時給を決める」

パパ「そうだ。だから、同僚くんの『オレだってがんばってる』っていうのは、カン違いなんだ。仕事の評価は、自分ではなく、他人が決める。仕事は自分のためではなく、他人のためにするものだ。たとえば、趣味は自分の懐からお金を払わなければならないけれど、『収入』とは自分以外のところからお金が入ってくることだ。ということは、自分以外のだれか、つまり**顧客が満足しなければ、お金はもらえない**。顧客とは、一般の来店客だけでなく、店長も慶太の顧客の１人だね」

慶太「そうか、店長が喜ぶことはすべて、店のためにもなるもんな」

パパ「趣味なら『自分はがんばってる』と思うのは自由だけど、お金をいただく以上は顧客からの評価による。だから、他人のためにするのが仕事であり、その評価も他人が決めることなんだ。自分の報酬を上げるべきだとか、自分の努力を自分でアピールするのは、仕事の本質をはき違えてるってことだ」

慶太「でも、努力を認めてほしいっていう気持ちもわからなくはないかな」

パパ「それは学生までだね。学校としても勉強や部活をがんばってもらいたいから、たとえば試合に負けても『よくがんばった』って激励する。でも、仕事として働いて賃金をいただく以上、評価されるのは結果だ。**結果が伴わないのに努力だけが認められるってことは基本的にない**と思っていい」

慶太「努力するのも大変なのになあ」

パパ「結果が出なければ、その努力はそもそも適切ではなかった、あるいは不充分だったってことになるだろう？　それは“努力”と呼べるんだろうか？　それを認めることが正当なことなんだろうか？　父さんはそうは思えないなあ。たとえば、バスケの選手が『バットの素振りを毎日1,000回やりました、努力したから認めてください』って言ったところで、『それ**努力の方向性がまちがってる**よ』ってなるだろう？　あるいは、１日１時間勉強している人が『自分はがんばってる』と思っているとしても、周囲がみな１日５時間も勉強していたら、それは努力しているうちには入らないよね」

慶太「なんか、働くって厳しいね……」

パパ「お金をいただく以上はプロだからね。でも、**成果が出れば認められるってことは、すごくフェア**じゃないか？」

慶太「練習をがんばれば試合に勝てるし、勉強をがんばれば成績が上がるとか受験に受かるとか？」

パパ「まあ、そういうことかな」

慶太「でも、がんばったからって、必ずしも優勝できるわけじゃないし、志望校に合格できるわけじゃない。ということは、努力しても無駄なんじゃ？」

パパ「むろん、全員がインターハイで優勝できるわけじゃないし、全員が東大に受かるわけじゃない。でも、努力しなければ県大会すら勝てないだろう？　あるいは、勉強しなければ、東大はおろか志望校にすら入れない。それに、**社会に出てやる仕事はね、勝敗とか合否では計測できない**んだ」

慶太「どういうこと？」

パパ「たとえば、学習参考書っていろいろあるだろう？　それぞれに特徴があって、受験生の好みや抱えている課題などによって使い分けられている。どれがいい悪いとかではなく、狙ったターゲット客に受け入れられることが重要だ。勝敗や合否は○×の世界だけど、仕事ではほかと違う特徴があれば、×にはならない。だから、努力や創意工夫が反映されやすいんだ」

慶太「たしかに学園祭でも、おもしろい出し物をしているクラスはたくさん客が来るけど、つまらないクラスはガラガラだ。これも『創意工夫すればお店は儲かる』ってことだよね。かといって、ほかの店に負けていても、それで試合終了ではなく、あとで挽回して逆転も可能という」

パパ「おっ、目のつけどころがいいね。学園祭で出す店も、仕事としてリアルに出す店も、基本は同じだ。ほかと差別化され、顧客のニーズに叶い、適正価格で提供し、宣伝して多くの人に知ってもらえば売れるよね」

慶太「あ、オレが作ったアプリがあまり売れないのは、宣伝してないからか！」

パパ「ほとんどだれにも言ってないんだろ？　そりゃ売れないよ」

慶太「あちゃちゃ……」

時間の切り売りで高給を稼ぐのは難しい

バイト先にて

慶太「父さんからは**『時給アルバイトの限界』**も知っておけ、と言われてる」

咲良「どういうこと？」

慶太「バイトする前、父さんとこんなやりとりがあったんだ」

そもそも自分の時間を売るわけだから、その時間があればできたであろうことを犠牲にしなければならない。
一方、慶太が10人を雇えば、慶太の時間を使わなくても、その10人が働いてくれれば、自分だけと比べて10倍の力が出せる。100人雇えば100倍だ。だから、店長の采配をよく観察しておくことだ。
努力してもしなくても、1時間働いたら1時間分の給料しかもらえない。職種にもよるけど、時給バイトは労働力さえ提供してもらえれば、正直だれでもいいんだ。ビジネスモデル、つまりオペレーションは雇用者サイドが完成させているから、必要なのはそれをこなす労働力だけ。
そして、人件費は売上の中から捻出するから、すでに計算されている。だから時給1,000円などと決まっているわけだし、賃上げにも限界があるんだ。

咲良「まあ、そう言われればそうね。でも、塾講師とかって、もっと時給がいいんでしょ？」

慶太「オレもそう言ってみた。そしたら……」

もちろん、プロ並みの能力を持つ人なら時給3,000円とか5,000円とか高くなるけれども、売上の中から捻出するわけだから限界があるよね。時給5,000円の塾講師って、よほどの人じゃないと生徒がつかないと思うよ。
これはサラリーマンも同じ。給料が上がらないのは、会社のビジネスモデルの中に人件費が計算されて組み込まれているため、その事業特性以上の給与はもらえない。
そもそも、報酬の本質は、提供した価値に対して払われるのであって、かけた時間ではない。労働時間に関係なく、価値を出せば多くの報酬がもらえる形態のほうが、発展の余地が無限になる。現実的にも、時間の切り売りでは年収１億稼ぐのは無理だろう？　自分の時間を切り売りするだけでは限界があるから、『メイクマネー』つまり自分でお金を作り出す方向へ舵を切れ。

慶太「そんな感じで、オレに起業を勧めてるんだ。まあ、オレもそれに納得してるし、やりたいからいいんだけど」

やりたいことがわからない人に必要なのは、「何を選ぶか」よりも「どう向き合っていくか」

咲良「こんにちは～早見咲良です。よろしくお願いしまーす！」

ママ「あら、いらっしゃい！　慶太の彼女？　かわいいコじゃない！」

咲良「違います！」

慶太「違うよ！　ただのクラスメイトだよ！」

ママ「まあまあ、上がって上がって！」

パパ「いらっしゃい。いつも慶太がお世話になってるね」

慶太「父さん、お世話してるのはオレのほうだよ！」

咲良「なに言ってんのよ！　あたし以外に女子の友達いないくせに！」

慶太「バカ！　いるよ！」

パパ「それで、何か聞きたいことがあるんだって？」

咲良「そうなんです。あたし進学しようとは思っているんですけど、でもやりたいことって特にないんですよね。でも、親は『将来は何になりたいの？』とか聞くし、先生も『自分のやりたいことができる大学を目指せ』って言うんです。それがわからないから進学先選びに苦労してるのに……」

パパ「なるほど。でもね、じつはその**大人自身も、別にやりたいことや夢なんてない**んだ。ただ、世の中の多くの人が『やりたいことをやれ』『天職を探せ』『夢はでっかく持て』って言うよね。だから、なんとなく『やりたいことがない自分はみじめだ』とか、『やりたいことを探さなきゃいけない』とか自分を追い詰めてしまいがちだけど、そんな必要はないんだ。

咲良「ええっ、そうなんですか？」

パパ「近代以前の“庶民”は、ほとんどが農民だったけど、
『稲作は自分がやりたいことなのだろうか？』
『農業にやりがいは感じられるか？』
なんて疑問に思うことはなかったと思わない？　ただ生きていくのに必要だから、家族や村の人たちと協力して田畑を耕し、種や苗を植え、収穫する、を繰り返す生活を送っていたのだと思うよ」

慶太「でも、武士とかは『家督を継ぐ』とか『家系を繁栄させる』って使命感を持っていたんじゃない？」

パパ「かもしれないが、いざ戦になれば最前線に駆り出されて命の危険にさらされるわけだから、なかなか過酷な身分じゃないか？　いずれにせよ、昔の人は現代と違って職業の

数が少なく、身分が固定されて職業選択の余地もなかったから、やりたいこと探しなど考えなくてもよかったんだと思う。それと比べると、現代人のやりたいことがわからないというのは『自由に選べるからこその迷い』っていう、非常に贅沢な悩みんじゃないかな」

咲良「たしかに洋服とかも、お店にたくさんあると迷いますね。制服みたいにスカートかスラックスかって二択なら迷わないですけど」

パパ「私たちは、難解な哲学の領域は別にすれば、『やりたいことは特にない』というのがあたりまえで、人間本来の状態なのでないかと私は考えているよ」

慶太「でもやっぱり、『やりたいことがある』って状態のほうが理想なんじゃない？」

パパ「それはまちがいないと思う。やるべきことが明確だから、迷うことも悩むことも少ないし、毎日が楽しく充実するだろう。ただし、好きなことで突っ走れる生活は、永遠に続くわけではないよ。恋愛のドキドキがずっと続くことはないように、仕事や趣味でも最初のようなワクワクは長期間は続かない。同じことを繰り返していれば飽きるように、人間はいつかは慣れるからだ」

慶太「そのときは、また別のやりたいことを見つければいいんじゃない？」

パパ「見つかったら、それでいい。でも、あえて見つけようとする必要はないってこと。やりたいことが見つからないからといって、焦る必要はないってことだよ。それに『やりたいことがない』のは不幸ではなく、むしろ平穏である証拠だと思うよ」

慶太「平穏？　退屈じゃなくて？」

パパ「たとえば、会社では多くの人たちが『自分に与えられた仕事をしっかりやる』っていう責任感を動機にして働いている。それが特にやりたい仕事でなかったとしても、まわりから信頼され、それなりにお給料をいただければ、そこに自分の居場所があると感じられ、充足感も得られる。『生活のために働く』『家族のために働く』っていう人も、やはり「生活を成り立たせるのは自分の責任」「家族を養うのは自分の責任」っていう責任感で働いているんじゃないかな」

咲良「でも、やっぱり自分がやりたい仕事をしたいです」

パパ「仕事がそれほどやりたいことではなくても、人間関係が平穏で、そこに自分の居場所を確保できれば安心できるし、まわりから期待されればその仕事に誇りや使命感を持てるようになる。そして、それが充実感となる。どんな仕事であっても、当事者意識を持って取り組み、周囲に認められ、『あなたのおかげです』『あなたがいてくれてよかった』と言われるようになれば、そこにやりがいを見い出せるものなんだよ」

慶太「学校の勉強なんて、モロそうだよな。別にやりたいわけじゃないけど、やるべきだからやる、みたいな」

咲良「部活もそうね。みんな練習は楽しいわけじゃないけど、上手になりたい、試合に勝ちたいからやる、って感じかしら」

パパ「そうやって何かに取り組んでいると、次の課題が見えてくるものだ。そして人は、やりたいことがなくてもやりがいを感じられなくても、幸福に生きることができるんだ。だから『やりたいことに出会えれば理想、出会えなくても問題ない』と思うよ」

咲良「そういえば『人生計画を立てる』みたいな授業が家庭科でありましたが、ああいうのはどうなんでしょうか？」？

パパ「アメリカで提唱されているキャリア理論『ハップンスタンス・セオリー』（計画された偶然によるキャリア形成）によれば、人のキャリアのほとんどは偶然で決まると言われている。たしかに、時代環境が変わり、技術やプレイヤーが変わり、出会う人も関わる人も変わるし、離れていく人もいて、それは自分ではどうにもならない。できること、やりたいこと、やるべきこと、全部が変わっていく。だから、将来どうするかを計画しても、計画どおりにはならないってことだ」

慶太「でも、それって計画を立てるのが無駄ってこと？　流されるように生きるって、受け身すぎない？」

パパ「無駄ってことじゃない。事前に細かく計画を立てるよりも、『自分の本心に従い、流れに身を任せてみよう』と腹をくくったほうが、迷う場面が減り、結果がどうであろうと納得できるってことだ。流れに身を任せるとは、『何も考えず日々をだらだら過ごせばいい』とか『他人の意見に流されていい』ってことじゃないよ。『自分が置かれた状況を直視して受け入れる』ってこと。そのうえで、『どういう判断や行動が自分にとって合理的か、幸福につながるか』を自問し、自分の興味関心に耳を澄ませて過ごせば、自ずと最適な選択ができるようになり、それなりに満足できる結果も得られるんだよ」

咲良「つまり、『いまやっていることは自分のやりたいことじゃない』と感じたとしても、明確にやりたいことが見えるまでは、あえて状況に流されていいってことですか？」

パパ「やりたいことがわからない人に必要なのは、『何を選ぶか』よりも、『どう向き合っていくか』だと思う。たとえば『親や先生の期待に応えたい』でもいいし、『自分が納得するクオリティにしたい』でもいいし、『とにかく何かの領域で一番になる』でもいい。やりたいかどうかという問題はいったん脇に置いて、対象への自分の向き合い方にフォーカスするんだ」

咲良「まず、目の前のことにしっかり取り組むってことですね」

パパ「そう。与えられた環境の中で自分の役割と責任を全うする姿勢だ。全うしようとすれば、必然的に全力で取り組むようになる。全力で取り組んでいる人には、次の役割と責任が与えられる。新たな役割と責任に全力で取り組むうちに、自分にとっての課題や次の道筋も見えてくるようになる。その過程で、徐々に自分というものが見えてくるようになるものだよ」

6章

家庭を持つことの影響を知る

結婚はお金も時間も自由にならなくなるからメリットなし？

海斗「今日の家庭科の授業、ダリーなあ。結婚と家庭だってよ？　そもそも、結婚なんて何のメリットもないじゃん？　独身のほうが気軽そうだし。うちの両親見てても大変そうだしな」

咲良「結婚って、そういうものじゃないと思うけどな。**人生を共有したいって感情で結婚する**んじゃないかな。相手への敬意とか尊重とか、思いやりとか分かち合いとか、なんか自分から相手に与えようという能動的な気持ちで」

慶太「たしかにな。メリットかデメリットかという視点だと、相手から与えてもらって自分がトクしたい、ソンしたくないという感情が優先されている印象がある。受け身の態度みたいな？」

海斗「でも、自分のお金も時間も自由にならなくなるだろ？　それってどうなのよ？」

慶太「咲良の言葉を借りれば、それらもすべて共有したいと思える人と家庭を築こうとするのが結婚ってことになるかな。自分の時間もお金も共有したくない、奪われそうでイヤだ、って思う人は、結婚しないというか」

海斗「オレはそっち派かなー」

咲良「アンタは結婚には向いてなさそうね……」

慶太「海斗はノリがいいし友達が多いから、一生独身でもやっていけそうだしな。でも、オレは海斗ほど社交性が高くないから、老後は孤独まっしぐらの印象しかない。だから、家族がいたほうが安心というか」

咲良「海斗はチャライけどね」

海斗「うるせーよ！」

お金持ちと結婚すれば お金に困らない？

美幸「ねえねえ、咲良、あんた慶太と付き合ってるの？」

咲良「ハア？　そんなわけないわよ」

美幸「でも、よく話してるし。慶太の家ってお金持ちってい うしね」

咲良「家が金持ちかどうかなんて関係ないわよ」

美幸「ええ〜、でも慶太は有望株なんじゃない？　家が金持ちで、勉強もできるし、ルックスもまあまあカッコいいし」

咲良「慶太となんてナイナイ」

美幸「でもあたし、結婚するなら年収1,000万円超のハイスペ男子がいいなあ〜」

咲良「なんで？」

美幸「だって、ラクできそうじゃん。それに勉強なんてしたくないし、働きたくもないから、専業主婦でいいかな〜って」

咲良「バカね。**相手をスペックで選ぶってことは、自分も相手からスペックを見られるということ**よ。ハイスペ男子に選ばれるようなスペックをアナタは持ってるの？」

美幸「若くてかわいいじゃん？　明るくてノリもいいし。一緒にいると絶対楽しいと思うのよね」

咲良「そうかしら……。仮にそうだとしても、結婚を決めるのはそれだけじゃないんじゃない？　それにもし、**相手が失業したりしてお金がなくなったら？**　それでも支えられるの？」

美幸「え〜、貧乏なのはイヤかなあ」

咲良「だからといって、それで離婚ってわけにもいかないでしょ？　困難な状況でも支えてあげたいと思える相手のほうがいいんじゃない？『私が代わりに稼ぐから！』みたいな」

美幸「それはムリ！　あたし、専業主婦がいいから」

咲良「でもね、**相手がお金を持っているかどうかと、そのお金を使わせてくれるかどうかは別の問題**じゃない？　もしかしたら、相手がドケチとか、逆に浪費癖があるとか、自由にならないかもしれないでしょ？　それに、相手がどんなにお金持ちでも、DV男とかモラハラ男だったらしんどいんじゃないの？」

美幸「そうじゃない人を選べばいいだけじゃない！」

咲良「そんなに都合よくいくかしら……」

やるべきことを分担・廃止・自動化・外注して、心の余裕をつくる

咲良「ハア〜、美幸の考えにはついていけないわ」

慶太「どうかしたのか？」

咲良「ハイスペ男子と結婚して、専業主婦になりたいんだって。**ハイスペだから結婚って、相手が将来、そのスペックから外れるかもしれない**ってこと考えられないのかしらね？」

慶太「まあその、相手のお金を使って自分が幸せになりたいっていうのは、美幸らしいといえばらしいかな。でも、そういう打算的な女子は、まともな人なら引きそうだけどね」

咲良「あたしは、結婚しても何か仕事はしてたいな。専業主婦でずっと家にいるのは、あたしにはムリだわ」

慶太「オレも同感。ウチの両親もずっと共働きだしな」

咲良「でも、家事とかはどうしてるの？」

慶太「掃除は、家政婦さんが週２回来てるよ。両親とも出張

が重なったときは、作り置き料理も作ってもらってる。洗濯機と食洗器は乾燥まで全自動だし、オレや妹が小さいときはベビーシッターを雇っていたらしい。まあ、オレの部屋は散らかってるけどな」

咲良「アンタんちは金持ちだしね」

慶太「いや、父さん曰く、優先順位の問題らしい。家では家族みんながゴキゲンでいられることが最優先で、それを損なうものは廃止・自動化・外注するんだって。だから、母さんが仕事で疲れた日は外食やテイクアウトになることも多いよ」

咲良「そういえば、ウチでもパパはよく家事のことでママに叱られてるわ」

慶太「いろいろやることが多いと余裕をなくしてイライラするからな。ちょっとしたことでカッとなったり、当たり散らすことにもなりかねない。家庭内でそういうケンカはつまらないもんな。**家事の負担を減らせば、心に余裕を持てて穏やかに過ごせる**というのはわかる気がする」

咲良「『家事や育児は女性だけがやるもの』っていう風潮があるから女性に負担が偏るのよね。共働きなら夫婦で負担すべきなのに」

慶太「ウチは子どもの頃からそうだったから違和感ないけど、世の中的にはそうじゃないみたいだな」

咲良「男女平等のはずなのに、まだまだ不平等のことって多いわね……」

「〇〇すべき」という固定観念から自由になる

慶太「……という話題になってね。いまだに母親だけに家事育児の負担がかかってる家庭ってあるんだなーって」

ママ「パパは昔から理解があったのよね」

パパ「理解っていうよりは、考え方かな。ママや家族の活躍を応援できないなら、家族としての存在価値なんてないと。むしろママの望みを叶え、ママが社会でイキイキと働けるよう支援するのが、夫としての父さんの役目だと考えているんだよ。ママは家政婦じゃないし、ベビーシッターでもない。パパが輝き、ママも輝き、慶太も和泉も輝く。**家族全員が輝けるよう、お互いを尊重し認め合い、協力していくのが家族ってもの**じゃないかな。そうでない関係なら、そもそも一緒にいる意味がないだろう？」

ママ「でも、専業主婦になりたい人も多いのよね。特に若い世代に」

パパ「仕事や会社がいやなんだろうね。仕事の楽しさ、醍醐味、成長実感、達成感なんかを味わったことがないんだろう。それに、まだまだ『家事や育児は女性がやるべきだ』っていう社会の風潮というか同調圧力というか、固定観念も強いしね」

ママ「そういえば以前、惣菜店でポテトサラダを買っていた主婦に向かって、見知らぬオジサンが『ポテサラぐらい自分で作れ』と吐き捨てたのが話題になったことがあるわね」

パパ「暗に『料理の手抜きをするな』って言いたいんだろうけど、これも『家族には手料理を振る舞うべきだ』っていう固定観念なんだろうね。**便利な世の中なんだから、必要に応じて利用すればいい**だけだと思うけど」

慶太「手作りしたい人はすればいいし、そこの労力を削減したければそういう方法をとればいいってことだね」

パパ「そういえば、子どもたちがまだ保育園に行ってた頃、保育園からもらった手紙に『お弁当は愛情いっぱいの手作りでお願いします』と書かれていたのを見たときには笑ったよ。出所は文部科学省らしいんだけど、お役人まで『子どもが食べる弁当は手作りであるべき』って発想に囚われているんだよね」

ママ「そうよね、食事は母親が作らなければならない、お弁当は手作りでなければならないなんて、何も根拠はないし、だれも決めていないのにね」

パパ「『○○すべきだ』『△△であるべきだ』っていう固定観念でガチガチになっているんだろう。ほかにもたとえば
『痩せてないといけない』
『ハゲはいけない』
『会話上手でないといけない』

『能力が高くないといけない』
『人から見下されてはいけない』
『女性は結婚・出産しないといけない』
『家事育児は女性の役目』
……そういう考えに縛られるから、そうではない現実、そうでない自分に苦しみ悩むんだろうね。だからまずは、そういう**根拠のない思い込み、固定観念を外し、もっと自由に、柔軟に考える**こと。日本人の美徳はいい面もあるけれど、それが心を縛ることもあるって気づくことだ」

ママ「そうはいっても、そういう人ほど
『自分が常識にとらわれている』
『それが固定観念である』
って気づいていないんじゃないかしら」

パパ「そうだね。ただ、自分の常識や固定観念に気づくのは、じつそんなに難しくない。
『他人の言動にイラっとしたとき』
『他人に批判や説教をしたくなったとき』
『罪悪感やうしろめたさを感じたとき』
だね」

ママ「そうか、**イラっとするときって、たいてい自分の常識とは違うことをする他人を見たとき**よね」

パパ「そう、『自分が正義だと思っていることに反する人がいる』からイラっとするんだ」

家は買うのと借りるのと、どっちがトク？

穣一「前にメールした、家を買うかどうかって話の続き、いいですか？」

慶太「なになに？　なんの話？」

穣一「家は、買うのと借りるのとではどちらがトクかなあと思いまして」

パパ「そうだねえ、まず何をもってトクと考えるかだね。あとは家に何を求めるか。そういえば、穣一くんは入社３年目だっけ。だったら、今後異動や転勤、あるいは転職や結婚などの可能性もあるから、いまは賃貸のほうがラクかもね」

穣一「でも、家賃がもったいないなあと」

パパ「まあ、その気持ちはわかる。だから、別に買ってもいいんだよ。ただし、もし勤務地が変わって引っ越しすることになったら、その部屋を賃貸に出すだろう？　それには、部屋のクリーニングやリフォームをして、賃貸仲介の会社に家賃などの条件を査定してもらって、どこの会社にお願いするか決め、募集図面を作ってもらって、入居者を募集してもらう、という手間が必要になる」

穣一「聞いただけでもめんどくさそうです……」

パパ「これが賃貸なら、管理会社に退去日を連絡して、退去の立ち合いをすれば、ササっと出ていける。非常にラクだ。**面倒なら賃貸がいい**」

穣一「『家を買ったら身動きが取れなくなる』って聞きますけど、そういうことなんですね」

パパ「それはむしろ、心理的なものだと思うけどね。日本人は“終の棲家”みたいな発想が強いから、家を買ったらかんたんには引っ越しできないような気がするだけさ。でも、家も『自分の人生を豊かにするための道具』だと考えれば、必要なら気軽に引っ越せばいいと思うんだけど。それに、**経済的な損得を考えれば、持ち家が最もトクになる**んだよ。穣一くんは勤続３年だから、そろそろ住宅ローンも組めるだろうしね」

穣一「僕の同僚は、一生賃貸だって言ってます。この不安定な時代に高額の住宅ローンを抱えるなんて、ハイリスクだと」

パパ「雇用や収入が不安定な人ならね。たしかに、いつウツになったりして休職するかわからないという不安もあるだろう。でも、たとえば家賃が月10万円なら年間120万円、２年ごとの更新料が月１か月分とすれば、10年で1,300万円。30年で3,900万円」

穣一「そんな金額に！　家賃で家買えちゃいますよね」

パパ「1人ならもっと小さな物件でいいけれど、結婚して子どもが増えれば広い家が必要だから、家賃ももっとかかるかもしれない。けれども、これらは垂れ流されるだけで、何も残らない」

穣一「やっぱりもったいない……」

パパ「特に効いてくるのが老後だ。もし**生涯賃貸なら、年金や貯金の中から家賃を払わないといけない**。田舎ならともかく、都市部だとけっこうキツイんじゃないかな。一方、持ち家なら、住宅ローンを完済すれば、住居費はほとんどかからない。もちろん、毎年の固定資産税はかかるし、古くなれば修繕費もかかるけれども、修繕は時期も内容も自分で選べるし」

穣一「住宅ローンを抱えるのも不安ですけど、老後も不安はありますね……」

パパ「やはり老後に住居費が少ないとか、何かあっても住む場所は確保できるのは、心理的にも安心だと思うよ。そう考えれば、**住宅ローンは、老後の住居費の前払い**みたいな感じだね」

「貸せるか？」「売れるか？」という視点で住まいを選ぶ

穣一「でも、持ち家は負債になると言われますよね」

パパ「それは、負債になるような家を買うか、資産になるような家を買うかの問題であって、自動的に『持ち家＝負債』となるわけじゃない。**家の資産価値は『貸せる』と『売れる』で決まる**。たとえば、都心の便利な場所なら、借りたい人、買いたい人はいるだろう？

穣一「それはそうですね」

パパ「逆に、不便な場所なら、借りたい人も買いたい人も少ない。だから、住宅ローンの返済額を下回る家賃でしか借り手が見つからないとか、住宅ローンの残債を下回る値段じゃないと売れない。そういう場合に、持ち家が負債になる。引っ越さないといけなくなったとき、貸しても足が出るから負担になるし、売っても残債が残ってやはり負担になるからだ。だからその逆、**ローン返済額を上回る家賃で貸せる物件、残債を上回る値段で売れそうな物件を買えば、それは資産となる**」

穣一「でも、都心の物件は値段が高くて手が出せませんよね……。僕のいまの収入じゃ無理だよなあ」

パパ「その場合は、**中古物件を買ってリフォームする**という方法もある。マンションなら、外見は古びていても、内装は新築同様にできる。戸建てでも、フルリフォームすれば新築と見分けがつかないぐらいにできるよ」

穣一「でも、やっぱり新築に憧れますよね～」

パパ「そういう人は多いね。だから、自分の年収で住宅ローンを組める金額の中から新築物件を選ぼうとする。すると、郊外とか駅から遠い物件となる。それが資産価値の低下となって、負債になることがあるというわけだ。特に、**郊外・バス便のような物件だと、35年の住宅ローンを払い終えたときには、資産価値はほとんどなくなってしまう可能性が高い**んだ」

穣一「そういえば、先月結婚した職場の先輩の新居に行ったんですが、駅から徒歩20分以上かかってしんどかったです。先輩は毎日自転車で通っているそうです。雨の日は奥さんが車で送迎してくれるらしいですが、僕にはしんどいなあ」

パパ「まあ、家に何を求めるか、優先順位は人それぞれだからね。とにかく広い家に住みたい場合は、ほかの条件を妥協してもそうしたほうが満足度が高いってことだろうね」

パパ「もちろん、たとえば異動も転勤もない、転職もするつもりもない、という人だっているだろう。そんなふうに終の棲家として生涯そこに住み続けるなら、貸すことも売ることもないから、資産価値なんてどうでもいいことだけどね。でも、いまの家に住めなくなる状況が来る可能性があるなら、『貸せるか？』か『売れるか？』という視点での住まい選びは必要だと思うよ」

穣一「僕の会社は全国に営業所があるので転勤はあると思うんですが、結婚するとある程度は希望を聞いてくれるそうです」

パパ「そういえば、**転勤のたびに住宅ローンを組んで家を買う人**もいるよね。東京で買って、大阪に転勤になったら東京の家は貸して大阪で家を買い、福岡に転勤になって大阪の家も人に貸して福岡で家を買うとか。マイホームは合計３件だけど、２件からは家賃収入があるから負担も軽減される、みたいな」

穣一「えっ！　住宅ローンって、何度も組めるんですか？」

パパ「もちろん。住宅ローンは自分が住む家を買うためのローンだけど、正当な理由があれば可能だよ。たとえば、独身でワンルームマンションを住宅ローンで買ったけど、結婚で１LDKを住宅ローンで買い、子どもができたから２LDKや３LDKを買うといった場合だ。転勤もそうだけど、結婚したり子どもができたりすれば、より広い家が必要になるだろう？　だから、そういう銀行が納得する理由があれば、住宅ローンで買った家を人に貸しても咎められないし、**返済中でも再び住宅ローンが組める**。銀行にもよるけれど」

穣一「知りませんでした！」

パパ「ただし、複数の住宅ローンを組むのは、それなりに年収が高くないと難しいけどね。まあ、前の家の家賃収入を考慮してくれる可能性もあるけど」

住む場所から得られるリターンを考える

パパ「もし家を買うなら、いまの会社の近くがいいんじゃないか？　東京の都心だろう？　値段も高いけど資産価値も高いし、通勤時間ももったいないから短縮できるし」

穣一「そうですね。仕事で遅くなってもすぐ帰宅できて休めるし、朝もギリギリまで寝ていられるし。都心ならいろんなイベントに参加できて、人との出会いも多いですよね。最近は減りましたが、上司や同僚と飲みに行くのも楽ですし」

慶太「オレも、大学に受かったら学校のそばに住もうかなあ」

パパ「慶太の場合は判断が難しいな」

慶太「どうして？」

パパ「慶太は、勉強はもちろんだけど、起業したり旅行したり、いろいろやりたいことがあるんだろう？　留学もしたいって言ってたよね。つまり、学業以外にもいろいろお金がかかる。だから、**家賃で出費が大きければ、ほかに使えるべきお金が少なくなってしまう**んじゃないか？

慶太「たしかに……」

パパ「穣一くんは、いまは会社の仕事に没頭するのが最も優先順位が高く、ほかにお金を使うべきところはあまりないだろうから、多少住宅ローンの返済が多くても問題はないと思う。それに、穣一くんの場合は持ち家になるから資産性が重要だけど、慶太は**賃貸だから資産価値は関係ない**し」

慶太「でも、さっき通学時間がもったいないって言ってたじゃない」

パパ「会社員の場合は、どうしても朝晩の通勤ラッシュに巻き込まれるからね。もちろん、混雑した車内でもスマホで情報収集ぐらいはできるし、オーディオブックで勉強もできる。とはいえ、やはりその疲労は大きい。それに、穣一くんが言っていたとおり、仕事で遅くなっても速攻で寝られるから、十分な睡眠時間を確保できて心身ともに疲れが取れる。一方、**大学は授業を選べるから、通学時間をずらすことができる**。ピークを外せば疲労は少ないし、座席に座ってパソコンを開いていろんなことができるだろう？」

慶太「じゃあ、大学の寮かな」

パパ「寮があって入れるなら、それもアリだね。食事が出る寮もあるし。あとは、プライバシーが確保されているかどうかかな。個室ならいいけど、複数人のシェアでルームメイトが騒がしいヤツだったら困るだろう」

慶太「あー、それ重要かも」

借金が返済できなくなったら自殺するしかない？

穣一「でも、やっぱりローンを組むことに不安があるんですよね。よくあるじゃないですか？　借金を苦に自殺するとかいう事件」

パパ「まあまあ、一足飛びに行き過ぎだよ。たとえば、収入が減るなどして住宅ローンの返済が苦しくなったとするよね？　その場合、どうすればいいと思う？」

穣一「う～ん……銀行に相談するとか？」

パパ「ご名答。まずは金融機関に連絡して**事情を説明し、どうすべきか相談する**んだ。それを言い出せなくて、何もせずにただ滞納し、その後に来る督促状すら無視してしまう人もいるけど、最もやってはいけないことだ」

穣一「どうなるんですか？」

パパ「無視し続ければ、やがて『いついつまでに、一括で全額返済せよ。そうでなければ、不動産を差し押さえるぞ』という最後通告が来る。そうなって慌てて金融機関に連絡しても、もうどうしようもない。差し押さえられる前に自分で売却して残債を返済する『任意売却』という方法をとるか、差し押さえられて追い出され競売にかけられるかのどちらだ。もし**売却しても残債が残れば、その後も返済を続けないといけない**」

穣一「ひええ、おそろしい……」

パパ「そして、いずれにしても家を失うことになるし、個人信用情報データに事故情報として記録が残るから、その後5年間くらいはお金を借りられないし、クレジットカードも作れなくなる」

穣一「無視が一番よくないんですね……。それで、銀行に相談するとどうなるんですか？」

パパ「銀行にもよるけど、一般的にはたとえば、しばらくは利息だけ支払い、収入が回復するであろう期間を設定してから元本の返済が再開するとか、返済期間を何年か延ばして、毎月の返済金額を抑えてもらう、とかかな。これを**リスケ**（リスケジュール）という」

慶太「それ、奨学金でもあるよね」

パパ「**返済猶予制度**だね。卒業後に奨学金の返済が始まるけれど、もし返済が苦しくなったとき、同様に学生支援機構に相談すれば、返済を待ってくれる制度だ。しかしこれもねえ、何も言わずしれっと滞納してしまう若者も多いんだ。どうして電話の１本もかけられないのかなあと思うけどね。しかも、督促が来ても無視するっていう……」

穣一「人に相談できず、自分で抱え込んでしまう人っていますよね。仕事でも、１人で抱え込んで納期に間に合わないことが直前に発覚して大騒ぎになったことがありますよ」

パパ「そうだね。ただ住宅ローンの場合、**返済が苦しくなっても、その物件を人に貸して、自分は家賃の安いアパートなんかに引っ越すという方法もある**。さっき説明したように、ローンの返済額より高い家賃で貸せる物件を買っておけば、賃貸に出せばいいから、家を手放す必要がない。しかも、いくばくかの手残りがあるから、賃貸に引っ越しても家賃の補填になるから、生活はむしろラクになるだろう？」

穣一「なるほど、たしかにそうですね。やはり、そういう考えでマイホームを買うのは重要なんですね。でも、さっき言ったような、借金を苦に自殺ってこともありますよね？」

パパ「そういう場合でも救済措置として『**自己破産**』という制度があるから、自殺する必要なんてないんだけどね。追い詰められて思いつかなかったのか、頼りたくなかったのか、あるいは生命保険をかけていたのか……」

穣一「自己破産なんて、恥ずかしいし、イヤですよ」

パパ「**自己破産は国民に与えられた権利だから、困ったら堂々と頼ればいい**んだよ。そもそも国民は税金を払っているんだから、行政が用意しているサービスを利用しないほうがおかしいだろう？　義務を果たしているのなら、権利も行使しなくちゃ」

穣一「でも、まわりに知られるとイヤですし、社会の落後者みたいで……」

パパ「自己破産は、裁判所で判決が出て官報に掲載されるけど、官報を読んでいる人っている？　自分から言わなければ、まず知られることはないよ。一部の公的職業は制限されるけど、ほとんどの人は関係ない。およそ7年間はお金を借りることができず、クレジットカードも作れないけど、現金だけで生活すればいいし。7年経ったら、個人信用情報から事故情報も消えて、再びカードも作れるし、ローンも組める。生活必需品以外の財産は手放さないといけないけれど、**自己破産したって銀行の口座は作れるし、海外旅行も行けるし、車だって乗れる**。日常生活にはほとんど問題はない。みんな大げさに考えすぎなんだよ」

穣一「そうなんですね。没落してもう復活できないものかと思っていました……。でも、お金を借りまくってそのお金をどこかに隠しておいて、自己破産してしまうっていう不正行為もできてしまうのでは？」

パパ「もちろん裁判所の判断だから、そういう明らかに怪しい行動がある場合は、自己破産が認められないこともある。たとえば、ギャンブルに費やして借金が残った場合なんかは認められない。また、自己破産しても税金や罰金などは消えることはないから、永遠に付いて回る」

穣一「なるほど〜。でも、聞いてちょっとホッとしました」

パパ「そうだね。具体的に何が起こるかわかってれば、心の準備ができるし、イメージや先入観ではなく本当に怖いかどうかも判断できる。だから、世の中の仕組みを知ることは重要なんだよ」

評価の軸は1つじゃない

慶太「どうした咲良、めずらしく浮かない顔をしてるな」

咲良「今年の秋の学園祭のミスコン、中止になるかもしれないんだって……」

慶太「へえ、そうなんだ。おまえは去年は準優勝で、今年は優勝するんじゃないかってみんな言ってるのにな」

咲良「それは別にいいの！　でも、中止の理由がね、性差別やルッキズムを助長するからって、PTA でやり玉に上がったんだって。あと、LGBT がなんとかって」

帰宅後

慶太「……ということがあってね。ウチの学校では差別なんてするようなヤツはいないと思うんだけど」

パパ「まあ、大人の欺瞞ってやつだな」

慶太「何それ？」

パパ「ミスコンがルッキズムを助長するとか、性差別につながるとか、性の商品化とか、そんなのはただの嫉妬だよ。容姿で比較され優劣をつけられたくない人が言ってるだけだろう。現実社会では逆で、容姿で比較され優劣をつけられるのにね。たとえば、受験は成績で比較されて、優劣をつけられる。仕事も、能力で比較されて、優劣をつけられる。容姿もその１つ。でも、そんな現実は見たくない。だから中止しろ、ってわけ。それが欺瞞なんだよ」

慶太「でも、容姿で優劣をつけるのはよくないことだよね？」

パパ「何言ってんの。芸能関係のオーディションとか、モロ容姿で優劣つけてるだろう？　もちろん、演技とか能力も必要だけど、それはミスコンだって同じで、トークやパフォーマンスも見られるんじゃないか？　ナントカ48ってアイドルグループなんて、総選挙っていう“公開処刑”まであるぞ」

慶太「でも、芸能界は特別だからじゃない？」

パパ「学校でも変わらないだろ？　運動できるヤツはモテるし、顔がいいヤツもモテる。咲良ちゃんだってモテるだろう？」

慶太「まあねぇ……」

パパ「仕事でもそうだ。同じ能力なら美人やイケメンが採用される。会社の受付嬢はみんな美人だ。接客業でも、美人の店員が揃っていれば客が増える。営業マンも、イケメンのほうが成績が高いと一般的には言われている。美人もイケメンも、チヤホヤされるし、出会いに恵まれやすい。だから、恋人もわりとかんたんにできるし、婚活市場でも有利だ」

慶太「そんなミもフタもないことを……」

パパ「それが現実だ。なのに、現実にフタをして、いざ社会に出て突然比べられて愕然とするより、最初からそういうものだと直視してたほうが戸惑わずに済むんじゃないか？」

慶太「じゃあ、容姿に恵まれない人は一生不幸ってこと？」

パパ「そうじゃない。容姿は人間を計測する指標の１つに過ぎないってこと。子どもはまだ人を評価する軸が少ないから、容姿とか運動能力とか、ネアカとかネクラとか、単純なことでしか区別できない。でも、大人になるにつれて、たとえば判断力、行動力、リーダーシップ、思いやり、責任感、想像力や創造力、表現力やアウトプットの独創性とか、いろんな指標で人間を評価するようになる」

慶太「たしかにね。人によって何を重視するかも違うし」

パパ「そうだね。たとえばどんなにイケメンで美人でも、仕事ができなければ経営幹部にはなれない。逆に、幹部としての資質があれば、容姿はまったく関係ない。むしろ、そうじゃない会社は早晩潰れるだろう。作家や漫画家、作曲家や脚本家やカメラマン、デザイナーとかもそうだけど、顔なんて知らないだろ？」

慶太「ああ、たしかに。作家はペンネームの人もいるから、本名すら知らないのに、売れる作品は売れるよね。かっこいい声の人気声優でも、本人の見た目は普通だったりするしね」

パパ「恋愛や結婚でもそうだ。美人やイケメンはたしかに入口は恵まれるけど、その関係が継続できるかどうかは別の要素が重要になってくる。たとえば、相手が情緒不安定とかモラハラタイプだったら、どんなに美人やイケメンでも、何年も一緒にいるのは苦痛になる。好きになった要素は容姿だったとしても、家庭を維持するには容姿は関係ないってことがわかるよね。容姿を武器にできない、あるいはしたくない人は、別の武器で戦えばいいってこと」

慶太「つまり、ミスコンを否定する必要はなく、ミスコンは数あるコンテストの１つにすぎなくて、別の要素を競うコンテストもやればいいってことだね」

パパ「そう思うけどね。運動能力や成績も個性だし、服装や容姿だって個性の１つだ。LGBT だって個性だよね。そうした人たちが生きやすいよう、多様性を認めようという考えには賛成だ。でも、多様性というなら、ルッキズムも多様な価値観の１つのはずだ思うけど、それを排除するのは多様性とは言わないよな。大人はいろんな意味で矛盾してるって感じるよ」

7章

お金に
働いてもらう

素人がプロに勝てるのか？

パパ「穣一くん、そろそろ資産運用に取り組んでもいいんじゃないかな？　自分が働くだけじゃなく、お金にも働いてもらえれば、経済的にも豊かになるからね」

穣一「お金に働いてもらう、ですか？」

パパ「そう。定期預金でも年利0.002％だから、100万円預けても１年で200円しか利息がつかない時代だ。普通預金口座に入れっぱなしで**お金を怠けさせておくのはもったいない**からね」

穣一「株とかFXとかですか？　でも、損するリスクもありますよね。それはちょっと怖いです。ああいうのは、お金持ちとか、特別な勉強をして才能がある人がするもののような気がするんですけど」

パパ「**資産運用も、スポーツみたいなもの**だよ。たとえば、バスケ部に入部した初日にシュートが入らないからといって、『自分には才能がない』って思わないだろう？　勝つこともあるし、負けることもある。つまり、損したり儲かったりするものだけど、何度も実践して勝率を上げていけばいいってこと」

穣一「でも、プロのトレーダーとかいるわけでしょう？　素人が勝てますかね？」

パパ「プロは仕事でやっているから、期間成績が問われる。たとえば、1年間で市場平均を上回るリターンを上げないと、ボーナスを減らされたり、クビになったりする。だから、『短期的に成果を出さなければならない』というプレッシャーにさらされているんだ。でも、私たち一般人にはそういう制約がない。何年かかっても最終的に儲かればいいんだから、**気長に運用すればいい**んだよ。そこに、アマチュアでも勝てる要素がある」

穣一「勝てますかね？」

パパ「相場は上がったり下がったりを繰り返す。だから、短期で狙おうとすると損することもある。そこは相場に張り付いているプロや専業のトレーダーが強いだろう。でも、長期で見れば、たとえば米国市場のように右肩上がりのところもある。それに、**株式投資は伸びる企業の応援みたいな側面がある**しね」

穣一「応援、ですか？」

パパ「たとえば、いい商品やサービスを提供する企業は顧客から支持されて儲かるよね。あるいは、ほかにはない差別化された商品やサービスとか。そういう儲かっている企業に投資したいという人が増えるから、株価は上がる。そんな可能性のある企業を見抜いて、先んじて投資しておき、業績が上がって株価も上がるのを応援するんだ」

穣一「僕が持っているスマホのメーカーの株とか、オンラインゲームを作っている会社の株って意味ですか？」

パパ「そのスマホやゲームが同業他社より魅力的だと感じていて、今後もそういう魅力的な商品を出していける会社だろう、って思えるならね」

穣一「そうか、自分が応援したいと思える会社の株なら、仮に下がっても、むしろ買い増すチャンスですしね」

パパ「うん、プロは純粋に儲けるために売買する銘柄を決めるけど、最初はそういう選び方のほうが入りやすいと思うよ。まずは小額から始めてみたらいいんじゃないかな」

だれかに任せるとラクだけどデメリットも

穣一「投資信託はどうでしょうか。少額で始められるし、銘柄に迷わないからラクな気がするんですけど。プロが分散投資してくれているし」

パパ「むろん、それが投資信託のメリットではある。でも、考えようによっては、それがデメリットになるともいえる」

穣一「メリットがデメリットになる、ですか？」

パパ「**運用会社が入っているから、手数料がかかる**んだ。『目論見書』ってものに書いてある、『信託報酬』ってやつだね。毎年かかるものだけど、それが運用会社の収入になっている。買うときに手数料がかかるものもあるし、解約、つまり売るときに手数料がかかるものもある。一方、個別株は、買うときにわずかな手数料がかかるだけで、あとは何も引かれない。それに、**『ラク』ということは『考えなくて済む』ということだから、思考停止になりやすい**」

穣一「思考停止？」

パパ「うん。個別銘柄を買うときは、その会社の業績とか財務状況とか将来の展望などを調べて買うだろう？　あるいは、アメリカやEU、中国の動きといった世界経済の動向なども考える。でも、投信はそんなことをする必要がない。そもそもリスクが分散されているから、自分のイメージや好みで買って、放置するだけ。たしかに本業が忙しくて資産運用に費やす時間がない人には適していると思える一方、**世界経済に敏感になったり、銘柄を見極める目が育たない**ことになる」

穣一「なるほど、自社商品を買ってくれそうな顧客や付き合う人を見極める力をつけるのに似てますね」

パパ「ははは、結婚相手とかもそうかもしれないね。それに投信の中には、償還期限があるものと、無期限のものがある。前者の償還期限があるものは、そのときの値段で自動的に解約されるから、**そのときが好景気ならいいけれど、不景気だったら逆に減っている可能性もある**。それは自分では選べないから、リスクの1つになる。一方、個別銘柄はいつでも売却するタイミングを選べるんだ」

穣一「そうか、投信も万能ではないんですね」

パパ「何事もメリットデメリットがある。自分の価値観とか望む運用スタイルなどを考え、それにマッチした運用商品を選ぶことだね」

複利の力を味方につける

1ヶ月後

穣一「やった！　買った株が1.5倍になりましたよ！これで新しいスマホに買い替えました！　お金に働いてもらうって意味がわかりましたよ」

パパ「それはよかった。もちろん儲かったら使えばいいんだけど、**複利の効果**も覚えておいて損はない」

穣一「複利の効果、ですか？」

パパ「以前、慶太にリボ払いのリスクを話したことがあるだろう？　あれは、消費者が損をして、カード会社が儲かる構造になっている。それの逆バージョンだよ」

慶太「どういうこと？」

パパ「たとえば１万円を投資して、１年で10％増えたとする。つまり、1,000円の利益だね。それを使わず再投資すると、合計で11,000円を投資することになるから、それで１年後また10％増えたら、今度は1,100円増えて12,100円だ。それをまた全額再投資すると、翌年は13,310円になり、またまた全額を再投資すると……」

慶太「**雪だるま式に増えていく**ってわけか！　リボ払いでは使えば使うほど、支払う利息が雪だるま式に増えていったけど、利益を再投資すれば今度はもらえる利息が雪だるま式に増えるってことだね」

パパ「そういうこと。もちろん、年利10%というのは仮の設定だけどね。でも、そう考えれば、たとえば投資信託では利息や配当にあたる**『分配金』が元本に組み込まれて再投資されるタイプのほうが、長期で見れば有利になる可能性が高い**。日本の企業の株の最小購入単位は100株からが多いけど、個別銘柄でも、単位未満株を扱っている証券会社もある。その場合は、配当金を再投資できる」

穣一「そうか～僕も使わず再投資していればよかった……！」

パパ「この複利の効果を使えば、**理論上は年利７%が続けば10年で元本が２倍になる**という計算だ」

穣一「それはすごいですね！　しかも、ほったらかしで！」

パパ「もちろん、年利７%というのが毎年続く保証はないけどね。でも、それが２%でも３%でも、積み立てで長期投資というスタンスでやるなら、毎月少額でも無理がない方法じゃないかな」

穣一「そうですね、いまはあまり投資に費やせる金額が少ないから、複利で雪だるまを目指したほうがよさそうですね」

パパ「それを続けて、ある程度元本が大きくなれば、配当の金額も大きくなる。そうなったら、元本を取り崩さず、配当だけで十分にお小遣いや生活費になるかもしれない。ただ、それには時間がかかるから、早く始めるのに越したことはないね」

穣一「目指せ、左うちわの配当金生活！　ですね」

パパ「そうはいっても、仕事の実力をつけないと、給料が増えないだろう。**給料が増えなければ、投資に回す金額が少ないままだから、どうしてもスピードが落ちる**。だから、いまは本業に専念したほうがいいと思うよ」

穣一「たしかに、まずは元手をつくることが大事ですね」

パパ「自分の腕で稼げるという自信、そしてお金がお金を増やしてくれるという安心感。どちらか一方でも欠けると不安が大きいけど、両方が高ければ、けっこう幸せな生活になるんじゃないかな」

¥ 資産運用しながら節税も狙う

穣一「ほかにおすすめの方法があったら教えてください」

パパ「**つみたてNISA**や**iDeCo**はどうかな？　つみたてNISAなら、こないだ言ったとおり配当を再投資する設定にしておけば、複利の効果が見込める。iDeCoは節税と運用の両立ができるからおすすめだ」

穣一「節税、ですか？」

パパ「毎月の給料明細を見てごらん。所得税と住民税が天引きされているだろう？　iDeCoは掛金全額が所得控除されるから、その所得税と住民税が安くなるんだ。すると、手取り額が増える。さらに、受け取るときも税金が優遇されている」

穣一「所得控除って、イマイチよくわからないですね……」

パパ「会社員だと自分で確定申告をしないから、ピンとこないかもね。でも、医療費控除とかは聞いたことがあるだろう？　あれと同じで、課税される所得額を小さくできる仕組みなんだ。もちろん、合法的にね。しかも、iDeCoは60歳まで引き出せないから、**老後の資金が強制的に貯まる**」

穣一「途中で引き出せないなら、忍耐力のない僕でも大丈夫そうですね。これも“資産運用”になるんですか？」

パパ「株を買って配当を受け取ってお金が増えるのも投資だけど、**資金を出して出費が減るのも、より多くのお金を残す方法**だから、同じ効果があるだろう？　さらに、iDeCoの口座では投資信託での運用もできるから、そこで増えればダブルの効果になるという、特典モリモリの制度なんだ」

穣一「なるほど〜。なんかいろいろあって、どれをやればいいか迷いますね……」

パパ「もし私が穣一くんの立場なら、まずiDeCoはマストかな。それで余裕があればつみたてNISA、もしくは一般NISAかなと。もちろん、不動産投資という手もあるけどね」

穣一「次は不動産がいいですかね。以前聞いた、マイホームを買って転勤などで引っ越したら、その家を貸して家賃収入にするって感じで。あと、最近よく聞く仮想通貨とかメタバースとかにも興味があります」

パパ「仮想通貨は、暗号資産ともいわれているね。メタバース内の土地を買って、人や企業に貸し出したりしてる人もいる。自分のアバターに着せる服とか靴とかの売買もできる。将来的には就職の面接とか営業活動などもメタバースでやるようになるかもしれない。ま、どうなるかはわからないけどね」

穣一「へえ〜、いろいろ進んでますね〜。なんかもう、ついていけない……」

パパ「焦ることはないよ。興味があればじっくり調べてみればいい」

穣一「でも、まずはiDeCoですね。さっそく口座を開設してみます！」

おわりに

慶太「おう、咲良。いま帰り？」

咲良「うん、慶太も？　なら、駅まで一緒に帰らない？」

慶太「いいけど、どうかした？」

咲良「うん、あたしたち、来年18歳で成人じゃない？　でも、まだ高校生よ？　社会のこと何も知らないし、大丈夫かなって、ちょっと不安になってね」

慶太「そっか。オレはむしろワクワクするけどな。だって、親の許可なくアパートを借りるとか、自分の意志で契約ができるんだ。これって、自由に何でもできるってことじゃないか？」

咲良「でもほら、前もニュースであったじゃない？大学生が給付金詐欺に巻き込まれたとか、振り込め詐欺の受け子にされたとか、高額な情報商材を買わされたとか。私たちみたいな無知な若者が金銭的な被害に遭うことって多いでしょう？」

慶太「それはきっと、合理的に考える力が弱いのと、物事の価値判断基準が幼いからじゃないか？」

咲良「どういうこと？」

慶太「むろん、お金の知識や経済の知識も大切だけど、たとえば『銀行口座を教えてくれたら50万円あげますよ』みたいなのは明らかにおかしいじゃん？
合理的に考えることができれば、たとえ社会の仕組みをよく知らなくても、まちがったことにはなりにくいと思うんだ。
ほかにも、友人に誘われて行ってみたら新興宗教の勧誘だったとか、モデルの募集で行ってみたらAV出演だったとか、それで言葉巧みに乗せられて契約したりしてしまうという話もあるよね。それも、『自分はどういう生き方がしたいか』『そのために大事なのは何か』を自分の軸として持っていれば、怪しいとかイヤだと思えば断れるんじゃないかなあ」

咲良「そういえば、援助交際とかも『手っ取り早く稼げるから』みたいな安易な考えだからよね。そもそも、ネットで知り合った何も知らない人と会うなんて、あたしには信じられないけど」

慶太「遊びたい、あれが買いたい、これをしたい、そういう欲を満たすためにお金が欲しい、でも働きたくない、ラクしてお金を稼ぎたいって人だね。
考えることから逃げ、自分の行動がどういう結果を招くかっていう想像力が欠如していると、どうしても安易な発想になってしまうよね。そういう人が、

ズルイ大人に利用されるんだよ」

咲良「う〜ん、たしかにね……でも、そういう能力って学校では教わらないし、目に見えないわよね。どうすれば身につけられるの？」

慶太「そうだなあ。決して平等とは言えないこの世の中で、１つだけ平等なものがある。それは何かわかる？」

咲良「平等？　なんだろう……あ、もしかして時間？」

慶太「ご名答。だれにでも１日24時間が平等に与えられている。言い方を変えると、この平等に与えられたリソースの使い方次第で、１か月１年とかじゃなく、５年10年単位で大きく差がつくんだ。
たとえば、スマホをいじっている自分に対して
『いまSNSに時間を使うべきなのか？』
という問いを発することができるかどうか、みたいな」

咲良「いまの自分の時間は受験勉強に振り向けるべきとか、いまは部活の練習に振り向けるべきとか？
でもたしかに、それでわずか２年程度で難関校に合格できる学力になったり、全国大会に出場できるほど強くなったりするわね。
さっきの話じゃないけど、『援助交際をしようとしている自分はその結果、10年後にはより有利になっ

ているか？』って考えるのは難しいことだけれど、『とてもそうは思えない』って感じるなら、やらないって判断になるってことよね」

慶太「うん、無数に選択肢がある中で、何事も時間軸を長くとって先回りして考えることは、大局的な視点を養うことに通じるんだ。大局的な視点さえあれば、大きく道を踏み外すことはない。父さんの受け売りだけどね」

咲良「なるほど、時間の経過が自分にとってより有利になるような判断・意思決定を続ける、か。う～ん、言うのはかんたんだけど、実行するのは大変そうね……」

慶太「だから差がつくんだろうな。あとは、他人のせいにしないってことかな」

咲良「それって、いわゆる自己責任ってことよね？
でも、よく
『何でもかんでも自己責任にするのはよくない』
『弱者を突き放すのか』
『社会が殺伐とする』
とか言われることもあるわよね」

慶太「そういう意味じゃないんだ。
『自分の生き方は自分で決める、その結果は受け入れる』
っていう、自身の覚悟のことなんだ。

たとえば他人に決められてその結果が望ましくないと、不満になるだろ？
そもそも、他人や会社や政府や社会のせいにしたところで、その人たちが何かしてくれるわけじゃない。むしろ期待して依存したら、期待とは違ったとき、裏切られたときに腹が立つよな。
それに、自分の人生が自分で変えられないとしたら、面白くないだろう？
だから、人生の決定権は他人には譲らない。自分で考えて自分で決めるってことだ。それが成人するってことじゃないか？」

咲良「でも私たちは、親や先生の影響、会社や政府の影響とかを受けるわよね？」

慶太「もちろんだ。でも、自己責任意識を持てば、自分の身に起こるさまざまな方面で予測し、想像し、備えようとする。仮に問題が起こっても、『どうすれば解決できるか？』という発想で打ち手を考え、行動しようとする。
でも、他人のせいにする人は、そこまで考えないし、想像しないし、備えもしない。それで何か問題が起こったら、愚痴をこぼして自分の不幸を嘆くだけ。そんな窮屈な人生はないだろう？」

咲良「たしかにね。不満があるなら、自ら変えようとか提言しようとか、そこから離れようとか、いくらでも選択肢はあるのに、『自分ではどうにもできない』って思考停止してるから愚痴をこぼすしかないのよね。
そして、考えていないから『希望が持てない社会が問題だ』とか『日本は未来に希望が持てない国だ』とか言う人が現れるわけね」

慶太「希望とは与えられるものじゃなく、本人の意思の問題だ。そして夢とは、他人に見せてもらうものじゃなく、自分で見て叶えようとすることだ。
目の前の出来事も状況も、本人が自由に選んだ結果であり、未来も自由に選べる。
そして、自分が希望を持てば、自分の人生は明るくなる。自分の境遇を呪えば、自分の人生も暗くなる。
それはどちらも正しい。つまり、自分はどちらの生き方を志向するのか、という自由選択にすぎないんだよ。
そして、これからもズルイ大人や数々の誘惑がオレたちの目の前に降りかかるだろうけれど、そういう姿勢が不条理で理不尽なこの世界を生き抜く重要な要素の1つなんじゃないかなって思ってる」

咲良「不条理で理不尽な世界を生き抜く、かあ。アンタ、ときどき大人っぽいこと言うわね。でも、だから慶太は東京の大学へ進学して、在学しながら起業しようってこと？」

慶太「まあな。親元から離れれば、すべて自分で決める必要があるだろう？　起業もそうだ。
東京での生活、そして起業の経験は、10年後も20年後もオレを有利に導くはずだと思ってる」

咲良「ふうん、たくましいのね。そういえば、アンタ恋愛とか興味ないの？」

慶太「オレ、女子と付き合うとか経験ないから、いまいちピンとこないんだよな」

咲良「じゃあ、ためしにあたしと付き合ってみるってどうよ？」

慶太「へっ！？」

午堂登紀雄（ごどう ときお）

1971年岡山県生まれ。米国公認会計士。

中央大学経済学部卒業後、会計事務所、コンビニエンスストアチェーン本部を経て、戦略系経営コンサルティングファームで経営コンサルタントとして勤務。

現在は起業家兼個人投資家としての活動に加え、講演や執筆活動もおこなっている。

『33歳で資産3億円をつくった私の方法』（三笠書房）、『いい人をやめれば人生はうまくいく』（日本実業出版社）など著書多数。

【ホームページ】http://www.drivin-yourlife.net/

カバーデザイン	渡邊民人(TYPEFACE)	本文デザイン	谷関笑子(TYPEFACE)
イラスト	大野文彰	Special Thanks	秋竹朋子
編集	傳 智之		

お問い合わせについて

本書に関するご質問は、FAX、書面、下記の Web サイトの質問用フォームでお願いいたします。電話での直接のお問い合わせにはお答えできません。あらかじめご了承ください。

ご質問の際には以下を明記してください。

・書籍名
・該当ページ
・返信先(メールアドレス)

ご質問の際に記載いただいた個人情報は質問の返答以外の目的には使用いたしません。

お送りいただいたご質問には、できる限り迅速にお答えするよう努力しておりますが、お時間をいただくこともございます。

なお、ご質問は本書に記載されている内容に関するもののみとさせていただきます。

◆問い合わせ先
〒 162-0846
東京都新宿区市谷左内町21-13
株式会社技術評論社　書籍編集部
「人生の正解をつくるお金のセンス」係

FAX：03-3513-6183
Web：https://gihyo.jp/book/2023/978-4-297-13285-9

人生《じんせい》の正解《せいかい》をつくるお金《かね》のセンス

～17歳《さい》までに知《し》っておきたい「使《つか》う」「貯《た》める」「稼《かせ》ぐ」「守《まも》る」「増《ふ》やす」の考《かんが》え方《かた》～

2023年 2月 9日　初版　第1刷発行

著者　午堂登紀雄《ごどうときお》
発行者　片岡巌
発行所　株式会社技術評論社
東京都新宿区市谷左内町21-13
電話　03-3513-6150　販売促進部
03-3513-6166　書籍編集部
印刷・製本　昭和情報プロセス株式会社

定価はカバーに表示してあります。

製品の一部または全部を著作権法の定める範囲を超え、無断で複写、複製、転載、テープ化、ファイルに落とすことを禁じます。

造本には細心の注意を払っておりますが、万一、乱丁（ページの乱れ）や落丁（ページの抜け）がございましたら、小社販売促進部までお送りください。送料小社負担にてお取り替えいたします。

©2023　株式会社プレミアム・インベストメント＆パートナーズ

ISBN978-4-297-13285-9　C0033

Printed in Japan